Rückansicht der richtigen Haltung im Augenblick des Schusses auf einen hohen Fasan zur Linken. Der Körper bildet eine Verlängerung des Kolbens am unteren Flintenende. Der Rückstoß wird über das linke Bein abgeleitet. Für einen Schuß auf einen Vogel nach rechts wird das Gewicht auf das rechte Bein verlagert. Der linke Fuß dreht und hebt, genau wie der rechte Fuß für einen Schuß nach links, während der Vogel aus der Luft „gewischt" wird.

Macdonald Hastings

Einführung in das Flintenschießen

Eine erste Anleitung

Übertragen und bearbeitet von
Robert von Benda

2., revidierte Auflage
Mit 24 Abbildungen auf 11 Tafeln

Verlag Paul Parey · Hamburg und Berlin

Die Originalausgabe des Werkes erschien unter dem Titel
HOW TO SHOOT STRAIGHT
im Verlag Pelham Books Ltd., London
© 1967 by Macdonald Hastings

Der Erinnerung an Robert Churchill gewidmet

CIP-Kurztitelaufnahme der Deutschen Bibliothek

Hastings, Macdonald:
Einführung in das Flintenschiessen : e. 1. Anleitung /
Macdonald Hastings. Übertr. u. bearb. von Robert von
Benda. – 2., rev. Aufl. – Hamburg ; Berlin : Parey,
1983.
  Einheitssacht.: How to shoot straight ⟨dt.⟩
  ISBN 3–490–08312–1

  NE: Benda, Robert von [Bearb.]

Sämtliche Aufnahmen stammen vom Verfasser

ISBN 3–490–08312–1

Vorwort
zur zweiten Auflage

Wenn du weißt, warum und wo du vorbeischießt, bist du auf dem besten Wege, ein guter Schütze zu werden.

Solche persönliche Ansprache des Anfängers im Flintenschießen dürfte wesentlich zur großen Beliebtheit und zum Erfolg dieses Kurzleitfadens beigetragen haben. Hastings läßt den Leser offensichtliche Mängel beim Anschlagen und Mitschwingen nicht als entmutigendes Fehlverhalten erleben. Er zeigt ihm vielmehr, wie er diese Unvollkommenheiten erkennen, aus ihnen lernen und auf diesem Wege allmählich die erforderliche Sicherheit gewinnen kann.

Bei Erscheinen der zweiten Auflage im Jahre 1983 gibt es bereits zahlreiche gute Lehrbücher zur Weiterführung und Vertiefung der unerläßlichen Grundkenntnisse im Flintenschießen. Beispiele sind Robert Churchills bereits in sechster Auflage vorliegendes Standardwerk „Das Flintenschießen" sowie „Des Flintenschießens edle Kunst" von Gustav Freiherr von Fürstenberg, ferner „Jagdliches Schießen" von Karl Grund, die vierte Auflage von Haglund/Claesson, „Die Jagdwaffe und der Schuß", oder die dritte Auflage von Bob Nichols, „Skeet- und Trap-Schießen".

Als einfühlsame, Schritt für Schritt ermutigende Einführung in das Flintenschießen aber bleibt der „Hastings" unübertroffen. Mögen auch weiterhin zahllose Jäger und Schützen mit Hilfe dieser praktischen Anleitung Sicherheit und Freude beim Schießen mit der Flinte gewinnen.

Im Sommer 1983   Verlag und Schriftleitung „Wild und Hund"

Vorwort des Übersetzers
zur ersten Auflage

Macdonald Hastings ist in England als Schriftsteller, Redakteur und Journalist weithin bekannt. So hat er eine Reihe sehr beliebter literarischer Veröffentlichungen vorgenommen und die Texte mehrerer Serien von Fernsehreportagen, etwa über die Landschaften Englands oder verwandte Themen, verfaßt. In Zusammenarbeit mit Robert Churchill aber hat er vor allem den Text für dessen berühmtes Buch „Das Flintenschießen" (Verlag Paul Parey, 3. Auflage) maßgeblich redigiert. Anschließend schrieb er auch eine Biographie von Robert Churchill.

Hastings hält sich selbst in typischem understatement nicht für einen erstklassigen Schützen. Er meint jedoch: „Es kommt aber darauf an, daß ich weiß, warum ich vorbeischieße, und wohin ich vorbeischieße. Das wissen nur allzuwenige." Daher schrieb er diesen Kurzleitfaden aus eigener Praxis für die Praxis. Er hat soviel Anklang gefunden, daß bereits eine französische und eine speziell für die USA gedachte Ausgabe herausgekommen sind.

Um den Leitfaden noch stärker auf die Praxisnähe zu konzentrieren, habe ich im Einverständnis mit dem Verfasser den Text der deutschen Ausgabe um drei Kapitel gekürzt. Es handelt sich dabei um ein Kapitel über den Schuß mit der gezogenen Kleinkaliberwaffe, ein Gebiet, das etwas abseits des eigentlichen Themas dieses Leitfadens liegt. Ein weiteres Kapitel über den Umgang mit Vorderladern verschiedenen Alters hielt ich ebenfalls für entbehrlich. Derartige Waffen werden zwar auch in Deutschland gesammelt, aber nicht zum jagdlichen und sportlichen Schießen verwandt, wie es in den USA und vereinzelt auch in England Mode geworden ist. Schließlich ist noch ein Kapitel über allerlei auch nach Hastings Ansicht meist entbehrliches Waffenzubehör entfallen, zumal es sich vornehmlich auf die Aufzählung englischer Bezugsquellen beschränkt hatte.

An dieser Stelle möchte ich nicht verfehlen, dem Altmeister des deutschen Schießwesens, Herbert von Wißmann, für die mühevolle, von höchster Sachkenntnis getragene Arbeit der Überprüfung des Textes in fachtechnischer Hinsicht aufrichtig zu danken.

ROBERT VON BENDA

Inhalt

Die Fähigkeit, sauber zu schießen, ist keine ererbte männliche Gabe.
Sie ist eine Kunst, die nur durch Übung und durch Kenntnis der
Technik des Schießens erworben werden kann.

Wenn du dir es leisten kannst, so wähle eine Flinte aus, die dein Leben
lang hält. Kannst du dir keine teure Flinte leisten, so lerne es, eine
gebrauchte auszusuchen. – Die erfolgreichste moderne Jagdflinte ist
die Flinte Kal. 12. – Achte beim Kauf einer gebrauchten Flinte darauf, daß sie für rauchloses (Nitro-)Pulver beschossen ist, daß die Läufe
weder Rostnarben noch Einbeulungen aufweisen und daß das Schloß-
werk einwandfrei arbeitet. – Wähle eine Flinte so sorgfältig aus wie
einen neuen Anzug.

Eine Erklärung für das sichere Handhaben von Schußwaffen. – Im
Zweifelsfall schieße nicht. – Scheue dich nie, mit einer leeren Flinte er-
tappt zu werden. – Halte die Flintenläufe nie seitwärts. – Die natürlichste Art, eine Flinte zu tragen, nämlich über der Schulter, ist nicht
unbedingt die sicherste.

Es ist schwer, gleichzeitig ein guter Büchsen- und ein guter Flinten-
schütze zu sein. – Der Büchsenschütze schießt über Visier und Korn. –
Wer mit der Flinte in der Hand bei Schüssen auf sich bewegende Ziele
gewollt das Korn sieht, wird vorbeischießen. – Beim Zielen auf einen

sich bewegenden Gegenstand kommt es allein auf das Erfassen des
Ziels mit den Augen an.

Ziele beim Flintenschießen mit deinem ganzen Körper, mit Füßen,
Armen und Kopf. – Wenn du übereifrig bist, wirst du vorbeischießen. –
Meistere diesen Drill. – Er ist die Vorbedingung für sauberes, zuver-
lässiges Schießen.

Bilde ein „Gefühlsvermögen" der Muskeln aus, um den Gleichgewichts-
ausgleich zwischen Flinte und Körper zu erreichen, der für einen Erfolg
unumgänglich notwendig ist. – Studiere die schwierigen Vorgänge des
Anschlages, des genauen Abpassens des für Anschlag und Schuß
geeigneten Zeitpunktes (timing) und des Abdrückens.

Sich beim Schießen selbst zu verletzen - unter einem gestoßenen Finger,
Kiefer oder Schulter zu leiden –, ist vornehmlich ein Beweis für falschen Stil. – Konzentriere dich beim Studium der Fragen, warum und
wo du vorbeischießt, auf den Stil. – Du kannst es mit Hilfe eines
Beobachters erlernen, die Schrotgarbe in der Luft zu sehen.

In der jagdlichen Praxis mußt du es erlernen, immer bereit zu sein,
ohne übereifrig zu werden. – Du mußt lernen, schnell wiederzuladen
und Entfernungen zu schätzen. – Anfänger schießen wieder und wieder
vorbei, weil sie zu verkrampft sind.

Einige Jäger reden noch immer davon, man müsse vor ein sich bewegendes Ziel halten, um Rücksicht auf dessen Geschwindigkeit zu nehmen. – Das ist falsch. – Das Auge wird den Schützen unfehlbar ins Ziel
bringen, wenn sein Anschlag und seine Fußarbeit richtig sind. – Keine
andere Methode zu treffen ist wissenschaftlich.

Werde nicht zu einem Patronenfanatiker. – Schrotgrößen bedeuten
beim Schießen einen kleinen Unterschied; aber nur einen kleinen, wenn
sauber geschossen wird. – Die moderne Standardpatrone ist erheblich
zuverlässiger als der heutige Kraftwagen. Bei einem Fehlschuß irrst du
normalerweise, wenn du der Patrone die Schuld gibst.

Bei dem rostfreien Zündsatz der heutigen Standardpatronen ist das Reinigen der Flintenläufe nicht mehr so unumgänglich notwendig wie früher. – Feuchtigkeit bedeutet aber noch immer eine Gefahr. – Die sorgfältige Pflege der Flinte sichert ihr ein längeres Leben und sorgt auch für eine bessere Schießleistung; zudem macht sie mit der Flinte vertraut. – Bei der Pflege der Flinte ist es genauso wichtig zu wissen, was man nicht tun soll, wie zu wissen was man tun soll.

Gute Schützen werden gemacht und nicht geboren.

1. Kapitel
Zur Einführung

Es ist eine männliche Schwäche, sich einzubilden, eine Schußwaffe brauche man nur zur Hand zu nehmen und ihre Handhabung ergäbe sich von selbst, als sei dies für den Mann ein vererbtes Geburtsrecht. Wildwest-Stories wie die vom blitzschnellen Ziehen der Waffen und vom Herausschießen des Asses aus der Spielkarte tragen nicht gerade dazu bei, diese Einbildung zu mildern. Dabei erfordert in Wirklichkeit die richtige Handhabung der Waffe genaues Lernen und Üben, Üben und immer wieder Üben. Diese richtige Handhabung der Waffe ist um so wichtiger, als eine Waffe, mit ihrer Feuerkraft unachtsam oder falsch benutzt, für den Schützen selbst oder Dritte eine bedrohliche Gefahr bedeutet. Wenn ein Anfänger ohne genügende Schulung eine solche Waffe in die Hand nimmt, so ist, zum mindesten zunächst einmal, seine Umgebung mehr gefährdet als das Ziel. Diese Warnung kann nicht stark genug ausgesprochen werden.

Mein Leitfaden will eine umsichtige Handhabung der Flinten lehren und den Leser über die Technik des sicheren und erfolgreichen Schießens unterrichten. Beides ist nicht leicht zu lernen. Die beste Art des Lernens ist natürlich die, mit der Waffe schon von Kindesbeinen an in den entsprechenden Grenzen vertraut zu werden, z. B. durch richtiges Halten der ungeladenen Flinte und durch Anschlagübungen. Der nächstbeste Weg ist der Besuch einer Schießschule für das Wurftaubenschießen. Dieser ist nicht billig, aber auch für den geübteren Schützen dringend zu empfehlen, obwohl das Wurftaubenschießen nicht ganz dasselbe ist wie die Jagd im Revier, weil die Flugbahn der Wurftaube im Gegensatz zum Verhalten des Wildes vorauszusehen ist.

Eine erstklassige Lehrkraft an einer solchen Schule vermag dich zwar viel schneller auszubilden, als ich das mit Hilfe eines Buches kann, aber nicht alle sind in der Lage, sich diese Art von Ausbildung zu leisten, und sie brauchen, selbst wenn sie sich einer Schießschule anvertrauen, noch eine weitere Hilfe. Für sie – aber im Grunde genommen auch für jeden Jäger, der zeit seines Lebens zu lernen erpicht ist – ist dieses Buch als elementares Einführungsbuch bestimmt. Als Leitfaden beruht es auf dem, was mir Robert Churchill, der große Jäger, Schießlehrer und Büchsenmacher beigebracht hat. In Zusammenarbeit mit ihm habe ich sein Buch „Das Flintenschießen"[1] geschrieben, das seine Methode erklärt. Seit langem aber habe ich das Gefühl, daß diesem Buch ein kürzerer Leitfaden vorausgehen sollte, der den im Flug- und Haarwildschießen noch weniger oder gar nicht bewanderten Jäger, für den auch der Patronenverbrauch eine gewisse Rolle spielt und der auch mit einer einfacheren Flinte zufrieden sein muß, so unterrichtet, wie mir Churchill das Schießen beigebracht hat. Dabei habe ich nicht zuletzt auch berücksichtigt, was ich durch meine eigenen Fehler bei der Unterrichtung durch Churchill und durch meine späteren Erfahrungen gelernt habe.

Dieser, wie ich meine, zweckmäßige Einführungsleitfaden sei mit diesem Buch gegeben.

---

[1] R. Churchill, Das Flintenschießen, 6. Aufl., Verlag Paul Parey, Hamburg und Berlin

2. Kapitel
Die Wahl einer Flinte

Eine neue Flinte ist nicht notwendigerweise eine gute Flinte. Eine alte Flinte ist nicht notwendigerweise eine schlechte Flinte. Hat man die Wahl zwischen einer alten schlechten Flinte und einer billigen neuen, dann kaufe man die neue.

Es ist der Nachteil der billigen neuen Flinten, daß sie nicht für eine Dauerbeanspruchung gebaut sind. Sie mögen beim Büchsenmacher im Laden mit ihren brünierten Läufen und den gravierten Seitenblechen wunderschön aussehen. Das Schloß ist aber gewöhnlich so grob zusammengeschmiedet, daß man meint, die Kraft eines Traktors im Finger haben zu müssen, um den Abzug durchzuziehen.

Kaufst du eine billige Flinte, dann kaufst du Fehler, die sich früher oder später im Dichthalten des Verschlußgehäuses oder des Arbeiten des Schlosses zeigen werden und irreparabel sein können. Wie sorgfältig du sie auch zu pflegen versuchst, die Flinte wird wie ein „Gasrohr" aussehen, sobald sie ihren ersten Firnis verloren hat. Die Mängel sind kein Rückschluß auf den Hersteller, sondern sie sind die Folge des Preises. Du kannt keine gut liegende und haltbare Flinte für ein Butterbrot und ein Ei kaufen.

Kaufe dir, beim Preise bis an die Grenze des Möglichen gehend, die Flinte, die für dein Leben und vielleicht auch für das deines Sohnes hält. Ich will keine Preise nennen. Es mag der Hinweis genügen, daß deine Flinte, je mehr du für sie zahlst, im Laufe der Zeit auch um so höher im Wert steigen wird, wenn pfleglich mit ihr umgegangen wird. Neue Flinten mittlerer Preislage sind gewöhnlich schwerer und unhandlicher als die teuren. 250 Gramm Gewicht mehr können nach einem langen Jagdtag einen kleinen Unterschied in einen großen verwandeln. Junge Schützen bemerken das nicht, ältere sehr wohl.

Gleich von vorn herein möchte ich also dazu raten, nicht die billigste Flinte am Markte zu kaufen, die in wenigen Jahren wertlos sein wird. Eine Flinte mittlerer Preislage, die ich einem jungen Mann mit einer schmalen Börse empfehle, kann in künftigen Jahren gegen eine bessere eingetauscht werden. Im innersten Herzen glaube ich aber, daß man am besten mit einer gebrauchten, guten, sorgfältig gepflegten und guterhaltenen Flinte beginnt.

Beim Kauf einer gebrauchten Flinte zerlegt man sie zuerst in ihre drei Teile und untersucht die Beschußstempel auf den Flächen neben den Laufhaken am hinteren Laufende. Nachdem man sich überzeugt hat, daß die Waffe für Nitro-Pulver amtlich beschossen bzw. bei stattgefundenen wesentlichen Veränderungen ein Instandsetzungsbeschuß durchgeführt worden ist, schaue man von beiden Seiten durch die Läufe gegen das Licht. Wenn es eine alte oder nicht ausreichend gepflegte Flinte ist, wird sie Rostnarben aufweisen. Das braucht einen, wenn sie nicht tief sind, nicht unbedingt vom Kauf abzubringen, bedeutet allerdings eine Wertminderung.

Falls die Rostnarben nicht zu schlimm sind, so prüfe man die Läufe auf Einbeulungen. Diese sind bedenklicher als Rostnarben, weil der schwächste Teil des Metalles bei jedem Schuß dem Druck und Verschleiß am meisten ausgesetzt ist. Die meisten alten Flinten weisen Einbeulungen auf, sofern sie nicht in der Behandlung eines versierten Büchsenmachers gewesen sind. Wenn es nicht schon zu spät ist, können sie ausgebeult werden. Du wirst aber für diese Reparatur Geld aufwenden müssen.

Sodann setze die Flinte wieder zusammen und halte sie, am besten bei abgenommenem Vorderschaft und Druck von oben auf die Läufe und den Hinterschaft, gegen das Licht. Wenn du Licht zwischen den Läufen und dem Stoßboden des Verschlußgehäuses sehen kannst, dann muß das Gewehr zum Büchsenmacher. Die Stoßbodenflächen der hinteren Laufenden einer guten Flinte dürfen sich nicht richtig gegen den Stoßboden des Verschlußgehäuses schließen lassen, wenn auch nur ein dünnes Stückchen Papier dazwischen gelegt ist.

Erprobe die Abzugswiderstände bei vorher in die Patronenlager eingeführten Pufferpatronen oder leeren Hülsen. Der Abzugwiderstand einer Flinte sollte etwa 1,5 kg (maximal 1,8 kg) betragen. Bei alten

Flinten mit verrosteten Schlössern und verspannten Schaftteilen kann der Widerstand bis auf 7,5 kg steigen! Wenn du dich anstrengen mußt, das Schloß arbeiten zu lassen, ist sicher, daß es innen im Verschlußgehäuse böse aussieht.

Die Leute, die Flinten verkaufen wollen, ja selbst solche, die gar nicht daran denken, werden unweigerlich erzählen, daß es sich um die am allerschärfsten schießende Flinte handelt, die sie je gekannt haben. Glaube ihnen nicht ein Wort. Eine Flinte ist nur so wirkungsvoll wie das Treibmittel im Patronenlager. Läufe mit Würgebohrung halten die Schrote enger zusammen als Läufe mit einer Zylinderbohrung. Die Schrote aus der Würgebohrung fliegen nicht weiter, aber in einer dichteren Garbe. Das ist vorteilhaft für sehr gute Schützen. Die Läufe der meisten alten Flinten sind aber, auch wenn sie noch weiter gebraucht werden könnten, schon lange ausgeschossen bzw. ausgeputzt. Alte Flinten haben oft papierdünne Läufe.

Es wäre ungerecht, gestände ich nicht, daß ich viele Leute gekannt habe, die regelmäßig und erfolgreich Flinten führten, die theoretisch längst in ihrer Hand hätten explodieren müssen. Ich habe, so unglaublich es klingt, mit Draht zusammengehaltene Waffen erlebt, von Rostnarben übersät, mit einem Beschußstempel nur für Schwarzpulver, deren Schüsse hohe Fasanen herunterholten. Ich muß auch ganz ehrlich zugeben, daß ich selbst einiges in dieser Beziehung gewagt habe.

Aber tue es nicht. Auf das Glück ist kein Verlaß. Ich bin zu der Überzeugung gekommen, daß die Handhabung tödlicher Waffen unvermeidbar mit Gefahr verbunden ist. Man ist jedoch verpflichtet, diese auf ein Mindestmaß zu beschränken. Wenn du eine Flinte wählst, gehe sicher.

Ferner mache dir Gedanken nicht nur über die Qualität, sondern auch über die Art der Flinte, die du haben möchtest. Du hast die Wahl zwischen einer halbautomatischen, fünf- oder dreischüssigen Selbstladeflinte, wie sie häufig von amerikanischen Jägern benutzt wird, und einer Doppelflinte mit Seiten- oder Kastenschloß. Halbautomatische Flinten werden auf der Jagd in England und Deutschland nicht gern gesehen. Es herrscht die Auffassung, daß sie auf der Jagd nicht fair seien. Ich weiß nicht, ob das berechtigt ist. Persönlich habe ich an ihnen nur auszusetzen, daß diese Selbstladeflinten laufseitig zu schwer sind, weil unter ihren Läufen das Magazin mit den darin enthaltenen Patronen liegt. Ich ziehe auf jeden Fall eine Doppelflinte vor; sie läßt sich

13

schneller und leichter führen. Dennoch sind die halbautomatischen Flinten hervorragende Waffen. Die Amerikaner richten in ihrem eigenen, ganz bestimmten Stil beim Skeetschießen wahre Wunder mit ihnen aus. Du wirst wahrscheinlich die Wahl zwischen einer Flinte mit Seiten- und einer mit Kastenschloß treffen. Den Unterschied kann man auf einen Blick erkennen, weil das Seitenschloß ein rautenförmiges Seitenblech hat, das in einem eleganten Bogen bis über den Abzugbügel reicht und mehrere Schloßschrauben enthält. Das Gehäuse des Kastenschlosses schließt hinten senkrecht ab. Das Seitenschloß ist das althergebrachte Schloß, das bei den alten Hahnflinten benutzt wurde. Es ist in seiner jetzigen Ausführung als selbstspannendes Schloß noch immer das Schloß, das auch heutzutage für die teuersten Flinten verwendet wird.

Dennoch ist das Seitenschloß nicht zuverlässiger als das Kastenschloß. Dieses enthält einen einfachen Mechanismus mit nur drei beweglichen hauptsächlichen Teilen. Es wurde gegen Ende des vorigen Jahrhunderts von zwei Handwerkern aus Birmingham, Anson und Deeley, entwickelt.

Wenn es nicht auf das Geld ankommt, dann ist eine Flinte mit Seitenschloß die ästhetisch schönste Waffe, die du besitzen kannst. Was auch immer du tust, kaufe aber keine *billige* Seitenschloßflinte. Du kaufst dir damit Ärger ein. Brauchst du etwas Handfestes, Strapazierfähiges, dann kaufe eine Kastenschloßflinte. In solchen Teilen der Welt, in denen keine geschickte und erfahrene Instandsetzungsarbeit zur Verfügung steht, ist es sogar noch wichtiger, eine Flinte mit Kastenschloß zu führen.

Flinten ohne Vorrichtung zum selbsttätigen Auswerfen der Hülsen der abgeschossenen Patronen (Ejektor) sind erheblich billiger. Mußt du dich in erster Linie nach dem Preis richten, so wirst du keineswegs schlechter schießen, wenn du die abgeschossenen Patronen mit den Fingern aus dem Patronenlager ziehen mußt. Das Wiederladen wird aber verlangsamt. Letzten Endes wird es dir leid tun, daß du dir nicht gleich eine Ejektorflinte zugelegt hast.

Das international beliebteste Kaliber ist heutzutage das Kaliber 12. Das ist ein willkürlicher Ausdruck. Ursprünglich wurde ein Lauf als Kal. 12 bezeichnet, wenn eine Bleikugel von einem Zwölftel Pfund (engl.) Gewicht genau in den Lauf hineinpaßt. Manche ziehen das Kaliber 16 vor, das einige der großartigsten Schützen benutzen. Auf dem Festland sind Flinten dieses Kalibers weit stärker verbreitet. Sie sparen Gewicht. Die Flinte Kal. 12 ist die Waffe der heutigen Zeit. Wenn du ein sehr guter Schütze bist, kannst du es dir leisten, Voll-Choke in beiden Läufen zu haben. Bist du ein Durchschnittsschütze, so bevorzuge verbesserte Zylinderbohrung (Achtel-Choke) im rechten Lauf und Halb-Choke im linken Lauf. Das bedeutet, daß die Schrotgarbe aus der Patrone bei der Reise durch den Lauf aus Voll-Choke zu einem engen und aus Viertel- und Achtel-Choke zu einem weniger engen Trefferbild zusammengehalten wird. Wenn du nicht zu den Schützen gehörst, die den hinteren Abzug ihrer Flinten zuerst abdrücken, dann ist es besser, das engere Trefferbild im linken Lauf zu haben. Auf kurze Entfernungen, die bei Schüssen mit dem rechten Lauf überwiegend vorliegen, ist ein weniger enges Trefferbild besser. Hast du mit dem rechten Lauf vorbeigeschossen, dann gleicht das engere Trefferbild des linken Laufes auf die weitere Entfernung die Zunahme der Entfernung zwischen Flinte und Ziel aus.[2]

Damit du weißt, welche Anforderungen an die Leistung der Flinte zu stellen sind – man sollte keine gebrauchte Flinte kaufen, ohne sie einer Prüfung zu unterwerfen –, folgt als Richtlinie eine Aufstellung, die auf der Verwendung einer Flinte Kal. 12/70 mit einer handelsüblichen Patrone mit 2,5-mm-Schrot in deutscher mittlerer Ladeweise beruht. Bei einem Versuch kannst du auf weiße Bögen oder auf Zeitungspapier schießen. Allerdings erleichtert bedrucktes Papier nicht gerade das Erkennen und Zählen der Treffer.

Super-Choke soll 75 Prozent d. h. 290 Treffer von einer Ladung von 390 Schroten des Durchmessers 2,5 mm auf eine Entfernung von 36 m (40 yards) auf die 75-cm-Prüfscheibe bringen.

Voll-Choke soll 70 Prozent oder 273 Schrote 2,5 mm auf 36 m auf die 75-cm-Prüfscheibe bringen.

Dreiviertel-Choke soll 65 Prozent oder 253 Schrote 2,5 mm auf 36 m auf die 75-cm-Prüfscheibe bringen.

Halb-Choke soll 60 Prozent oder 234 Schrote 2,5 mm auf 36 m auf die 75-cm-Prüfscheibe bringen.

Viertel-Choke soll 50 Prozent oder 195 Schrote 2,5 mm auf 36 m auf die 75-cm-Prüfscheibe bringen.

[2] Näheres hierüber ist zu entnehmen der Schrift „Der Schrotschuß" von Herbert von Wißmann, Verlag Paul Parey, Hamburg und Berlin.

Achtel-Choke, meist als verbesserte Zylinderbohrung bekannt, soll 45 Prozent oder 175 Schrote 2,5 mm auf 36 m auf die 75-cm-Prüfscheibe bringen.

Echte Zylinderbohrung soll 40 Prozent oder 156 Schrote 2,5 mm auf 36 m auf die 75-cm-Prüfscheibe bringen.

Komme daraufhin aber nicht zu dem übereilten Schluß, daß Superchoke das Beste wäre. Ganz sicher ist er das nicht. Die Mehrzahl aller Schüsse auf Wild fällt noch gut innerhalb des Bereiches der verbesserten Zylinderbohrung. Mit einer solchen weniger eng liegenden Schrotgarbe, die aus verbesserter Zylinderbohrung hervorgeht, hat man also eine bessere Chance, das Ziel zu treffen.

Die bevorzugte Lauflänge für eine Flinte ist heute etwa 70 cm. Bis gegen Ende des 19. Jahrhunderts waren Flinten mit Läufen von 75 cm Länge und darüber in Mode. In unserem Jahrhundert werden vielfach Flinten mit 62,5 cm langen Läufen geführt. Der 75 cm lange Lauf paßte zu dem langsamer verbrennenden Schwarzpulver, ehe es zur Einführung des schneller verbrennenden Nitropulvers kam. Es gab auch eine Theorie, nach der lange Läufe das Zielen insofern erleichtern, als sie die Waffe bzw. die Laufmündung näher an das Ziel bringen.

Die Theorie war irreführend. Sie übersah die Tatsache, daß es länger dauert, eine Flinte mit 75 cm langen, entsprechend schweren Läufen anzuheben als eine Flinte mit kürzeren, leichteren Läufen. Die Flinte mit 62,5 cm langen Läufen, Robert Churchills Spezialität, läßt sich infolge ihrer geringen Länge schneller in Anschlag bringen und leichter handhaben. Gegen diese Flinten wird vorgebracht, daß sich bei ihnen, bedingt durch die geringere Massenträgheit der kurzen Läufe, bei dem Mitschwingen mit sich bewegenden Zielen eine Verringerung der Geschwindigkeit der schwingenden Bewegung der Flinte ergibt. Außerdem wurde gegen diese kurzen Gewehre eingewendet, daß ihr Rückstoß etwas heftiger ausfällt als bei den schwereren Flinten mit längeren Läufen. Obwohl ich mein ganzes Leben lang mit den kurzläufigen Flinten von Churchill geschossen habe, neige ich heute zu der Ansicht, daß sich diese Flinten – zumal die ihnen vorgeworfene Geschwindigkeitsverringerung der schwingenden Gewehrbewegung unbedeutend ist – mehr für einen kleinen, gedrungenen Mann als für einen langen, dünnen eignen.

Flinten mit Läufen über 76 cm Länge gibt es heute nicht mehr, und bei Flinten, deren Läufe kürzer als 62,5 cm sind, stört der Knall des

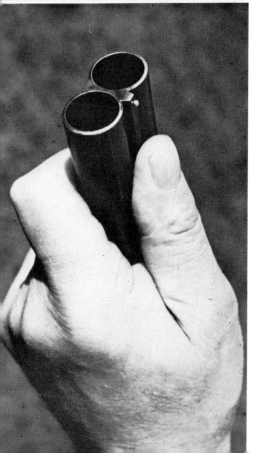

Erste Grundsätze: Deine linke Hand ist die Zielhand. Die Läufe deiner Flinte werden dorthin zeigen, wohin sie die Höhlung der Hand zwischen deinem Daumen und Zeigefinger schwingt. Wenn du gewollt das Korn deiner Visierung bei dem Schuß auf ein sich bewegendes Ziel sehen willst, wirst du vorbeischießen. Du wirst vorbeischießen, wenn du nicht in ausgewogenem Gleichgewicht stehst und bereit für eine fließende Bewegung deines Körpers mit der Flinte bist.

Mehr oder weniger richtig: Theoretisch ist dies die sicherste Art, eine Flinte zu tragen. Die Flinte ist mit dem Abzugsbügel nach oben über die Schulter gelegt. Der Zeigefinger schützt deckend die Abzüge. Gefährlich ist es dagegen, die Flinte so zu halten, daß die Läufe seitwärts deuten. Uneingeschränkt ist diese Tragart aber nicht zu empfehlen, weil die anderen Schützen nicht wissen, ob die Flinte geladen ist oder nicht, und auch nicht wissen, was passiert, wenn du ausgleitest und dabei die Läufe nach hinten sinken.

Richtig: In der Praxis trägt man die Flinte am sichersten mit abgekippten Läufen über dem Unterarm. Die Flinte trägt sich so leichter. Deine Kameraden können sehen, daß die Patronenlager leer sind. Diese Vorsicht wird weit mehr gewürdigt als ein treffender Schuß, wenn die anderen noch nicht schußbereit sind. Mache es dir zur Regel, erst zu laden, wenn du deinen Stand bezogen hast und das Treiben anhebt.

Schusses in unangenehmer Weise. Es ist weiterhin erwähnenswert, daß lange Läufe nicht ohne Einbuße an Leistung gekürzt werden können, es sei denn, es handele sich bei der Waffe um eine der heute so seltenen Flinten mit echter Zylinderbohrung. Die Ursache liegt darin, daß der Choke, der in das vorderste Stück der Laufbohrung eingearbeitet ist und das Zusammenhalten der Schrote steuert, durch eine Laufkürzung beseitigt wird. Daher ist hierbei ein regelmäßiges Trefferbild der Flinte nicht mehr sichergestellt.

Ist man finanziell in der glücklichen Lage, sich eine Flinte persönlich anmessen und bauen zu lassen, dann wird der Büchsenmacher darauf achten, daß sie dem Besteller liegt und daß die Formen des Schaftes, insbesondere des Kolbens, und die des Abzugsbügels wie ein gut geschneiderter, mehrfach anprobierter Anzug passen. Ich vermute aber, daß viele Interessenten, die diesen Leitfaden lesen, geldlich nicht dazu in der Lage sein werden, sich derartige Ausgaben zu erlauben. Wenn du bei einem reellen Büchsenmacher kaufst, dann wird er dir dennoch helfen. Möglicherweise wird er ohne größere Extrakosten Schränkung und Länge des Kolbens abändern, um die Waffe deinem eigenen Auge und deiner Figur anzupassen. Ich will aber annehmen, daß du keinen Büchsenmacher hast, der dir hilft.

1. Zuerst versuche grob festzustellen, ob die Schaftlänge paßt: Ziehe den Kolben mäßig fest in die Armbeuge und versuche, ob das vordere Glied des Zeigefingers (Schießfingers) bequem den vorderen Abzug erreicht. Gelangt dabei dieses Glied des Fingers beträchtlich über den Abzug hinaus, so ist der Kolben zu kurz. Hast du Schwierigkeiten, an den Abzug zu kommen, so ist der Kolben zu lang. Kolben können verhältnismäßig billig verkürzt oder verlängert werden.

2. Versichere dich dessen, daß deine Flinte ungeladen ist und bitte einen Freund, dir als Beobachter zu dienen. Auch ihn überzeuge, daß deine Flinte ungeladen ist. Bitte ihn, einen Zeigefinger in Augenhöhe zu heben. Beide Augen geöffnet, nimm dann die Flinte an die Schulter und ziele, ohne deinen Anschlag der Flinte des längeren zu berichtigen, auf seinen Finger. Die Entfernung braucht nicht über zehn Meter zu betragen. Wenn dir dein Freund versichert, daß du das Ziel gefaßt hast, dann liegt die Flinte gut. Visierst du rechts oder links vorbei, dann muß der Schaft entsprechend seitlich gebogen werden, um dich hierdurch von selbst auf das Ziel zu bringen. Gegebenen-

falls sind auch, da das Biegen eines Kolbens nicht voraussehbare Wagnisse enthält, die Flächen des Kolbens, an denen dein Gesicht liegt, abzuarbeiten oder es sind daran Auflagen anzubringen.

Benutzt du eine geborgte Flinte oder hast du weder die Mittel noch die Gelegenheit, die eigene Flinte ändern zu lassen, so kannst du dich, je nachdem, wie du deinen Griff regulierst, bis zu einem gewissen Grade an deine Flinte anpassen. Ist der Kolben zu lang, so ziehe deine Hand am Vorderschaft zurück. König Georg V. von England, einer der besten Flugschützen seiner Zeit, nahm stets die sogenannte langarmige Haltung ein und schob seine linke Hand beim Anschlagen der Flinte so weit vor, daß sein linker Arm beim Schuß voll bis an die Läufe ausgestreckt war.

Wenn du bei beiden geöffneten Augen vorbeischießt, prüfe dich zunächst dadurch, daß du mit dieser Zielmethode auf doppelt ausgebreitete Papierbögen schießt. Hiernach probiere das Schießen und sein Ergebnis mit einem geschlossenen Auge. Churchill war immer gegen dies Verfahren. Es ist aber der richtige Ausweg für jemand, der sich seiner schlecht liegenden Flinte anpassen muß. Jungen Leuten mit wendiger Beweglichkeit fällt es leichter, sich einer Flinte anzupassen, die nicht für sie gebaut ist, als älteren. Ein älterer Mann hat eine gut liegende Flinte nötiger, wenn er gut treffen will. Prüfe die Lage deiner Flinte durch ein mehrfaches Schießen auf einen doppelt ausgebreiteten Papierbogen mit einem großen schwarzen Tintenfleck in der Mitte als Zielpunkt. Schieße aus abgemessenen fünfzehn Meter Entfernung und achte auf dein Durchschnittsergebnis. Der Zweck der Übung besteht in der Feststellung, ob schlecht liegende Schüsse an dir oder an der Lage der Flinte liegen. Das Trefferbild auf dem Ziel wird es dir verraten.[3]

● *Schuß rechts vom Tintenfleck (geltend für Rechtsanschlag des Gewehrs).*

Mögliche Ursachen: a. Der Kolben ist für dich zu stark seitlich geschränkt; b. dein Kopf liegt zu weit nach vorn; c. der Kolben ist zu kurz; d. du nimmst eine falsche Haltung beim Schuß ein.

● *Schuß links vom Tintenfleck (geltend für Rechtsanschlag des Gewehrs).*

---

[3] Du wirst eher in der Lage sein, die hier vorgeschlagenen praktischen Versuche zu machen, wenn du den Rest dieses Leitfadens studiert hast.

Mögliche Ursachen: a. Der Kolben ist für dich zu wenig seitlich geschränkt; b. der Kolben ist zu lang; c. du verkürzt die Länge der Flinte, weil du deine linke Hand zu weit nach hinten ziehst; d. du setzt die Kolbenkappe auf deinen Arm statt deine Schulter dagegen zu schieben.

● *Du schießt tief*

Mögliche Ursachen: a. der Kolben ist für dich zu stark gesenkt, so daß du zu tief über die Visierschiene siehst; b. der Abzugswiderstand ist zu groß und hierdurch verreißt du den Schuß nach unten; c. du muckst mit demselben Ergebnis wie zu b; d. dein Kolben ist zu kurz oder deine Zielhand erstreckt sich nicht weit genug nach vorn oder dein Lauf ist schwer und senkt sich beim Schuß.

● *Du schießt hoch*

Mögliche Ursachen: a. der Kolben ist zu gerade für dich beziehungsweise zu wenig gesenkt, so daß du zu hoch über die Visierschiene siehst; b. dein Schaft ist zu lang für deine Arme oder deine Zielhand ergreift die Flinte zu weit vorn.

Für eine ganz einfache Prüfung der passenden Kolbenlänge deiner Flinte ist der Schuß über Kopf am geeignetsten. Ganz gleich wie die Schaftlänge der Flinte ist, du kannst für den Schuß auf ein sich entfernendes Ziel die Reichweite deiner linken Hand verkürzen oder verlängern, um die Flinte passen zu lassen. Wenn die Flinte nicht gut liegt, wirst du aber bei dem Schuß über Kopf erkennen, daß etwas nicht in Ordnung ist. Ist der Kolben zu lang, dann wirst du wahrscheinlich feststellen, daß dein Durchschwingen gehemmt wird. Du kannst sogar entdecken, daß dir der Schuß leichter fällt, wenn du den zweiten Abzug benutzt. Ist der Kolben zu kurz, dann wirst du merken, daß du deine linke Hand am Lauf vorschieben mußt, wenn du fließend und natürlich durchschwingen willst.

Stellt es sich schließlich heraus, daß es am Kolben liegt, so muß er durch einen Fachmann, der dich beim Schuß beobachtet hat, geändert werden. Sich die Flinte selbst anzupassen, ist dasselbe, als wolle man sich selbst verarzten. Die Kur ist auf keinen Fall sicher. Dennoch ist der Verdacht auf eine „krankhafte", das heißt falsche Schaftlage der erste Schritt zu ihrer Diagnose und zur späteren Kur.

3. Kapitel
Vom sicheren Umgang
mit der Flinte

Ich möchte dich, aus ernstlichen und folgenreichen Anlässen der Praxis, das Fürchten lehren. Auf kurze Entfernung wirkt eine Flinte, selbst das kleine Kaliber 36, so furchtbar tödlich, daß der Schuß ein tiefes Loch, beispielsweise in weichem Erdboden, aushöhlt. Bedenke, daß ein einziges Schrotkorn auf fünfzig bis siebzig Meter Entfernung einen ähnlichen Effekt hat, als erhielte man einen schweren Schlag mit dem Kricketschläger auf die Wade. Ein scheinbar vorsichtig gezielter Schuß vermag auf einem Steinchen abzuprallen und das Auge eines Mannes zu zerstören, der ganz abseits stand. Das ist oft vorgekommen.

Du darfst überhaupt keine Flinte tragen, wenn du dich nicht gegen Haftpflicht versichert hast. Selbst wenn du dich bei einem Unfall nicht strafrechtlich vergangen hast, so bleibst du doch zivilrechtlich haftbar. Du kannst dich durch Eingehen einer Jagdhaftpflichtversicherung dagegen schützen. Die Kosten sind nicht hoch.

Ich will dir jetzt drei Gebote erteilen und hoffen, daß du das sechste Gebot der Bibel nicht verletzt. Ich bin davon überzeugt, daß du die Grundregeln kennst: niemals die Waffe auf einen Menschen zu richten, eine Flinte stets als geladen und nicht gesichert zu betrachten und zu wissen, daß es oft unter den unwahrscheinlichsten Umständen zu Unfällen kommt.

Keine Flinte ist jemals sicher; sie kann es ihrer Natur nach gar nicht sein. Unglücklicherweise ist es bei den Büchsenmachern handelsüblich geworden, das Wort „sicher" oder den Buchstaben „S" auf dem Systemschwanz einzugravieren, wenn der Sicherungsschieber im Schloß

20

den Abzug blockiert. Das besagt nichts über die tatsächliche Sicherheit; denn die Abzugsstangen und die Schlagstücke werden hierdurch bei den meisten Konstruktionen nicht verriegelt.

Am besten sollte man das Wort „*Nachsehen*" verwenden. Die Schlösser selbst der besten Flinten können auf mancherlei Art zum ungewollten Abschlagen gebracht werden, auch wenn der Schieber auf „*Sicher*" steht. Immer und immer wieder ist es dadurch zu Unfällen gekommen, daß die Schützen sich auf dies verhängnisvolle Wort verlassen haben. Verfahre du deshalb nicht derart. Die Kennzeichnung „*Sicher*" bedeutet im Falle einer gut funktionierenden Waffe lediglich, daß sie bei einem Unfall weniger leicht losgeht, als wenn sie nicht „gesichert" wäre. Es ist keine Sicherheit gegeben, genauso wie du dem grünen Licht einer Verkehrsampel nicht folgen solltest, ohne vorher darauf zu achten, ob ihre Automatik auch in Ordnung oder die zu kreuzende Straße frei ist.

Jedesmal, wenn du eine geladene Flinte in der Hand hast, dann denke an die Gefahr eines Unfalles. Ich habe die Überzeugung gewonnen, daß es selbst für den vorsichtigsten Schützen dabei einen nicht zu schätzenden Grad an Gefahrensmöglichkeiten gibt. Ich predige hier nicht als ein fleckenloser Heiliger. Vielmehr bin ich ein Sünder, der fast alle erdenklichen Fehler gemacht hat, ohne allerdings glücklicherweise jemanden zu Schaden zu bringen. Auf Grund meiner eigenen Erfahrungen möchte ich dir zeigen, wie du es vermeiden kannst, Fehler zu wiederholen, die ich selbst begangen habe.

Bitte halte dich sehr, sehr ernsthaft an die nachfolgenden Gebote. Sie sind länger als die biblischen, aber der Jäger, der sie gewissenhaft befolgt, wird die nächsten Male wieder von seinen Freunden zur Jagd eingeladen werden.

● *Traue keiner Flinte*

Vergißt du auch nur einen Augenblick, auf die Sicherheit zu achten, so kann das der Moment sein, in dem etwas passieren kann, was du für den Rest deines Lebens bereust.

● *Im Zweifelsfalle schieße nie*

Kein Ziel ist es wert, seinetwegen etwas zu riskieren. Mache nie den Finger krumm, ohne dich vorher davon überzeugt zu haben, daß kein Mensch, selbst einer, mit dessen Anwesenheit man normalerweise nicht rechnen könnte, in der Schußlinie ist.

● *Scheue dich nicht, eine ungeladene Flinte zu tragen*

Ich gebe zu, daß es ärgerlich ist, mit einer ungeladenen Flinte dazustehen, wenn sich die Möglichkeit, vielleicht die einzige an diesem Jagdtage, bietet, ein Stück Wild zu schießen. Es ist aber viel besser, auf eine solche Gelegenheit zu verzichten, als sich auf einen fahrigen und unüberlegten Schuß einzulassen, auch wenn er neunhundertneunundneunzigmal unter tausend gelänge. Es ist diese Chance von 1000:1, an die du aus Sicherheitsgründen immer denken mußt.

Ich gebe zu, daß diese Gebote bei einer Einführung in das Flintenschießen den Anschein erwecken könnten, als werde hierdurch dem Leser die Lust genommen, sich dem Inhalt der vorliegenden „Schießlehre" zu widmen. Das ist aber nicht der Fall. Wenn du dir aus den angeführten guten Gründen fest angewöhnst, vorsichtig mit der Flinte umzugehen, so kannst du das Jagen ohne die nagende Furcht vor Reue genießen.

Ich möchte gern, daß du folgende Gewohnheiten pflegst:

1. Theoretisch trägt man eine Flinte am sichersten über der Schulter mit den Läufen nach oben. In der Praxis ist es aber, je nach den Umständen, oftmals angebracht, die Flinte in der Armbeuge mit den Läufen nach dem Boden zu tragen, wenn dieser weich ist und daher hiervon einen unbeabsichtigt ausgelösten Schuß nicht abprallen läßt. Die erfahrensten, in dieser Hinsicht bedachtsamen Schützen, tragen ihre Waffen auf diese Art.

Deine Freunde werden es dir würdigen, wenn du die Flinte mit im Verschluß abgekippten Läufen in der Armbeuge trägst, solange du nicht schießt. Sie werden dann mit eigenen Augen sehen können, daß die Flinte nicht schußbereit ist. Nebenbei wirst du feststellen, daß sich eine Flinte mit abgekippten Läufen leichter trägt. Halte die Flintenläufe niemals seitwärts.

2. Im Endzweck soll geschossen werden, ganz gleich, welches Wild bejagt wird. Du wirst deshalb während der meisten Zeit eine geladene Flinte in Händen haben. Wartest du bei der Gesellschaftsjagd im Standtreiben auf eine Gelegenheit zum Schuß, so halte die Flinte nie quer vor die Brust oder quer über die Knie. In dieser Haltung richtest du nämlich die Flinte auf jemand zu deiner Rechten oder zu deiner Linken. Hältst du dich im Halbanschlag, so lehne die Schaftkappe der Flinte an deine Hüfte und lasse die Läufe nach vorn und aufwärts in

Richtung auf die Front zeigen. Sitzt du, so lasse die Kolbenkappe auf deinem Oberschenkel mit aufwärts gerichteten Läufen ruhen. Bei dieser Haltung bist du sicher und außerdem zu schnellem Anschlagen bereit. Während ruhigerer Zeitspannen lege die geladene Flinte in die Armbeuge, so daß sie harmlos auf den Boden vor dir weist. Bist du allein, beispielsweise auf der Taubenjagd, so darfst du auch in diesem Fall nie annehmen, daß du wirklich allein bist. Ich entsinne mich eines Vorkommnisses, bei dem ein Mann unversehens auf ein unerwartetes Karnickel in einem Wald schoß und dabei entdeckte, daß er nur dank der Gnade Gottes nicht ein Liebespaar angeblet hatte, das sich zwischen den Brombeeren verkrochen hatte.

3. Es ist auf der Gesellschaftsjagd, vor allem wenn die Jäger und gegebenenfalls Treiber in Linie gehen, lebenswichtig, daß die Schützen die Sicherheitsregeln kennen. Von Natur aus ist man geneigt, die Flinte quer vor die Brust zu halten. Das hat die Folge, daß bei jedem Schritt die Flintenmündung in der Richtung eines Nachbarn durchschwingt.

Es gibt nur eine Art, die Flinte beim Vorwärtsgehen sicher zu tragen, und das ist die Haltung mit nach vorn und oben gerichteten Läufen. Diese Haltung ist zwar hinsichtlich eines Schießens auf Ziele, die dem Schützen in bestimmten Richtungen kommen, gelegentlich unnatürlich, aber aus Sicherheitsgründen erforderlich. Deshalb muß bei derartigen Jagdveranstaltungen die linke Hand zunächst dazu benutzt werden, die Flintenläufe nach vorn zu drücken.[4]

Zur gehörigen Zeit werde ich zeigen, daß du auch dein Ziel mit größerer Wahrscheinlichkeit triffst, wenn du die Flinte auf diese Weise in der Stellung „Fertig zum Schuß" hältst.

● *Wiederhole: Schiebe beim Vorgehen auf der Jagd deine Flinte von der Brust weg, so daß sie geradeaus vor dich hindeutet!*

4. Verhältnismäßig viele Jagdunfälle werden dadurch hervorgerufen, daß die Jäger Hecken und vor allem Drahtzäune durchkriechen, eine schmale Planke als Brücke benutzen oder einen Graben überspringen, ohne ihre Flinten vorher zu entladen.

● *Zwänge dich nie durch ein Hindernis, und wenn es die kleinste Hecke oder Zaun sind, ohne vorher die Patronen aus der Flinte zu nehmen.*

---

[4] Für Linkshänder gilt durchweg im ganzen Buch das Umgekehrte.

Wenn die Flinten auf der Gesellschaftsjagd bei einem Hindernis von Hand zu Hand gereicht werden, dann ist mir aufgefallen, daß dabei die Schützen gewöhnlich vorsichtig sind. Die Jäger, die man erschossen aufgefunden hat, oft Jagdhüter, sind meist allein gewesen. Sie machten sich einfach nicht die Mühe, ihre Flinten zu entladen, als sie ihre Beine über einen Stacheldraht erhoben, den sie schon so manchesmal vorher überstiegen hatten. Sie taten das einmal zu oft mit geladenem Gewehr und dabei erreichte sie der Tod.

● *Wenn du allein bist, sei auch um deiner selbst willen vorsichtig.*

5. Wenn du auf Haarwild schießt, so achte auf die Bodenbeschaffenheit. Ist der Boden steinig oder gefroren oder besteht er aus feuchtem Lehm, so können Schrote der Ladung in der unglaublichsten Weise abprallen. Die meisten erfahrenen Schützen unterlassen es, auf der Gesellschaftsjagd nach vorn auf Haarwild zu schießen. Sie schießen erst, wenn der Hase durch die Schützenlinie gelangt ist und nach hinten flüchtet. Das ist keine unverbrüchliche Regel. Du mußt aber über eine reiche Erfahrung verfügen, wenn du eine Ausnahme machen willst. Im Zweifelsfalle halte die Mündung hoch, so sehr es dich drängt, zu schießen. Es gibt noch andere Gelegenheiten, Hasen zu erlegen!

6. Fasse nie die Flinte eines anderen Schützen an, ohne ihn vorher um Erlaubnis zu fragen, ob du sie ansehen darfst, und ohne dich dessen zu vergewissern, daß er ebenso vorsichtig mit seiner Waffe umgeht wie du hoffentlich mit deiner.

Wenn Churchill eine Flinte zeigte, machte er es sich sogar in seinem eigenen Geschäftsraum zur Regel, die Läufe abzukippen, die Patronenlager zu zeigen und „leer" zu sagen, ehe er die Flinte in deine Hände legte. Du könntest nichts Besseres tun als seinem Beispiel nachzueifern.

7. Jedesmal, wenn du eine Flinte in ein Auto legst, kontrolliere zweifach, ob sie auch entladen ist. Eine geladene Flinte in einem Kraftwagen ist ein Mordinstrument. Ich habe noch die frische Erinnerung an einen jungen Mann, der sich in den Magen schoß, als er eine geladene Flinte an der Laufmündung vom Hintersitz des Autos zog. Hast du eine Flinte im Wagen und weißt, daß sie entladen ist, so mache dir dennoch die Mühe, sie beim Herausholen am Schaft anzufassen. Es ist die Regel, die Flinten stets als geladen zu betrachten.

8. Bewahre nie eine geladene Flinte im Haus auf. Die Leute tun das, damit sie gelegentlich schnell aus dem Fenster auf ein Eichhörnchen

24

oder auf Raubzeug im Garten schießen können. Was wirklich bei solchen Gewohnheiten passiert, sind gefährliche Spielereien von Kindern oder Hausbesuchern an den Abzügen der Gewehre.

9. Mache es dir in der jagdlichen Laufbahn zur Regel, schon zu Beginn eines Jagdtages die Läufe abzukippen, in sie hineinzusehen, und wiederhole das tagsüber in regelmäßigen Abständen. Das ist vor allem bei der Wattenjagd wichtig, oder wenn Schnee liegt, oder falls der Boden matschig und das Wetter naß ist oder nachdem du durch eine Hecke oder sonstiges Dickicht gekrochen bist. Beachte, wie erfahrene Jäger gewöhnlich ihre Flintenläufe durchpusten. Dieser Hauch von Luft durch die Läufe ist an sich wirkungslos. Er ist ganz einfach eine gefühlsbedingte Art und Weise, die Aufmerksamkeit darauf zu konzentrieren, daß alles in Ordnung ist. Moderne Flinten sind verhältnismäßig sicher vor einem Versagen des Mechanismus oder des Materials, aus dem sie hergestellt sind. Sie bleiben aber nicht sicher, wenn die Läufe von Matsch, Schnee oder anderem verstopft werden. Es ist eine löbliche Angewohnheit, durch die Läufe zu blasen und nachzusehen, ob man das helle Licht sieht, ehe man sich zum Schießen anschickt.

10. Seltsamerweise sind die modernen Patronen mit ihrem rauchlosen Nitro-Pulver außerhalb der Patronenlager der Flinte nicht besonders gefährlich. Der Kosten wegen kann ich es nicht empfehlen, aber du kannst eine rauchlose Patrone in das Feuer werfen, und sie wird sich mit wenig mehr als einem harmlosen Puffen entzünden. Schwarzpulver, das in modernen Patronen nicht mehr verwendet wird, ist im Gegensatz dazu sehr gefährlich.

Einige Jäger pflegen, in der Meinung, damit etwas Gutes zu tun, ihre Patronen vor dem Jagdtag auf dem Küchenherd oder der Heizung zu erwärmen. Derartige Handhabungen erhöhen, wie nachgewiesen ist, gefährlich den Gasdruck der Patronen, und nebenher ist es fraglich, ob man dadurch auch nur ein Stück Wild mehr schießt.

Es ist heilsam, sich dessen zu erinnern, daß es im Winter 1922 bei einer Gesellschaftsjagd auf Lord Cadogans Besitz Culford in East Anglia (England) zu einem Unfall kam, bei dem fünfzehn Patronen eines Schützen mit „einem pfeifenden Geräusch" und „mit einem riesigen Aufblitzen" explodierten. Der Schütze fiel sterbend mit einer klaffenden Wunde in der Leistengegend zu Boden. Der Unfall ist nie aufgeklärt worden. Man hat berechnet, daß die Chancen gegen dies Geschehen wie eine Milliarde zu eins standen, und dies noch multipliziert mit der Anzahl der Jahre seit Erfindung der modernen „Sicherheitspatrone". Jedenfalls zeigt aber das Ergebnis, wie vorsichtig man sein muß.

● *Wiederhole: Keine Flinte ist völlig sicher und ebenso keine Patrone.*

Nach diesem Kapitel, das vordringlich wichtig ist, weil es Unfällen vorbeugt und deshalb in allem Ernst an den Anfang des Erlernens eines treffsicheren Schießens gestellt ist, sei im folgenden das Vergnügen des Schießens behandelt.

4. Kapitel
Die Schießschule
von Churchill

Alle Flinten sind über den Laufmündungen mit einem perlartigen Gebilde versehen, das als Korn bezeichnet wird. Jeder, der dies Korn zum Visieren auf ein sich bewegendes Ziel benutzt, wird, sofern es sich nicht um einen Zufallstreffer handelt, meistens vorbeischießen. Das hat seinen Grund. Eine Flinte ist eine Waffe zum Schuß in der Bewegung. Wird die Flinte in dieser Schwingung angehalten, um über das Korn zu visieren, so wird unfehlbar zu tief oder hinter das Ziel geschossen. Im Gegensatz dazu ist eine Büchse, die hauptsächlich dem Schießen auf ruhende Ziele dient, eine Waffe der Unbeweglichkeit. Bei ihr ist es ausschlaggebend, Korn, Visier und Ziel in eine Linie zu bringen. Deshalb gibt es nur ausnahmsweise erstklassige Kugelschützen, die auch gleichzeitig vorzügliche Schrotschützen sind. Die beiden Stile des Schießens widersprechen sich. Versuche daher nicht von Anfang an, ein Universalschütze zu sein.

Früher war es üblich, den Schützen beim Schrotschuß auf sich bewegendes Wild über die Visierschiene und das Korn der Flinte zu lehren. Dabei galt die Theorie, daß man je nach der Geschwindigkeit und dem Schußwinkel des Zieles bestimmte Vorhaltemaße anwenden müßte. Dies war eine überaus komplizierte Art, das Flintenschießen zu lehren. Sie besagte, daß der Schütze Geschwindigkeit und Entfernung des Zieles schnell berechnen und dabei noch die Zeit mit einkalkulieren mußte, die vom Entschluß zu schießen, über das Durchkrümmen des Schießfingers bis zur Übertragung des Mechanismus des Schlosses auf die Zündkapsel der Patrone und das Brechen des Schusses vergeht.

Angenommen, daß die Geschwindigkeit seines Zieles 48 Stundenkilometer betrug, sollte er auf 18 m 75 cm, auf 27 m 120 cm und auf 36 m 180 cm vorhalten. Die Chancen dafür, daß der Schütze Geschwindigkeit und Entfernung des Zieles richtig schätzte und dabei auch noch genau den geeigneten Zeitpunkt für seine eigene Reaktion abpaßte, waren ungefähr so groß, wie sechs Richtige im Lotto zu tippen. Daher waren die Trefferergebnisse nicht befriedigend.

Obwohl den Jägern das Schießen auf diese Art beigebracht wurde, vergaßen diejenigen, die gut mit der Flinte umgehen konnten, das „Vorhaltemaß". Sie schossen in ihrem eigenen, durch die Routine eingegebenen Stil, und damit handelten sie instinktiv richtig; denn jetzt trafen sie das Wild mit gutem Erfolg. Bezeichnenderweise gab aber keiner von ihnen je eine sinnvolle Erklärung dafür, wie er, ohne bewußt „vorzuhalten", dennoch diese Leistungshöhe erreichte. Es war das Verdienst von Robert Churchill, als erster den Grund des Erfolges dieses Verfahrens zu erkennen und danach eine neue Lehrmethode für den treffenden Schrotschuß zu erarbeiten.

Churchill warf die Theorie über Bord, daß ein sich bewegendes Ziel durch einen davorgezielten Schuß in der Luft abgefangen werden müsse. Er lehrte, es käme in der Hauptsache auf das gleiche an wie beim Golf oder jedem anderen Ballspiel: Halte das Auge aufs Ziel gerichtet. Schweift das Auge davon ab, und sieht statt dessen auf die Flintenläufe oder – noch schlimmer – auf das Korn nahe der Laufmündung oder sinkt deine angespannte Aufmerksamkeit gerade so weit ab, daß du bewußt den Knall des Schusses hören kannst, dann hast du vorbeigeschossen.

Das Geheimnis des Flintenschusses, lehrte Churchill, liegt darin, alles über ein Vorhaltemaß zu vergessen und den eigenen Augen zu vertrauen. Sie sorgen in Verbindung mit einer ausgeglichenen Körperbewegung und fließendem Durchschwingen der Flinte selbsttätig für das notwendige Vorhaltemaß. *Das Auge irrt sich nie.*

Dies Wissen bedeutet nur einen Anfang in der Kunst zu treffen. Du wirst vorbeischießen, wenn du dir zuviel Mühe gibst, wenn du beim Abdrücken zögerst oder wenn du einen stilwidrigen Haltungsfehler mit Händen, Füßen oder dem Kopf begehst. Du wirst nie ein zuverlässiger Schütze sein, bis du die Grundausbildung gemeistert hast und deine Muskeln das unbewußt folgerichtige Gefühlsvermögen ausgebildet haben.

28

Wenn du spazieren gehst oder schwimmst, dann brauchst du nicht darüber nachzudenken, wie du es tun sollst. Als Kleinkind mußtest du das Laufen erst erlernen; und die meisten unter uns können sich daran erinnern, wie wir herumgezappelt haben, als wir das Schwimmen lernten. Du mußt das Schießen lernen. Hast du es einmal begriffen, dann brauchst du nie mehr darüber nachzudenken, wie du es handhaben sollst. Das Gefühlsvermögen der Muskeln setzt sich durch. Schießt du vorbei, so wirst du wissen, warum du vorbeigeschossen hast. Mit steigender Übung wirst du sogar lernen, den Grund für dein Vorbeischießen zu erkennen. Du wirst dich, vielleicht nicht gerade als erstklassiger, aber doch als zuverlässiger Schütze einpendeln. Nach und nach wirst du zu einem eigenen Stil finden.

Als erstes folge den Anweisungen über die Grundausbildung im nächsten Kapitel, als wärest du wie ein Soldat der Befehlsempfänger und ich der Kommandeur. Zum Unterschied von diesem habe ich dir aber die Gründe dafür, wie du das Schießen handhaben sollst, zu erklären versucht.

Im Idealfall solltest du die Grundausbildung mit diesem Buch auf dem Tisch vor dir und der Flinte – der ungeladenen! – daneben für das exerziermäßige Üben studieren. In diesem Stadium darfst du die Abzüge der Flinte nicht abdrücken, weil hierdurch die Schlösser von Gewehren, in deren Läufen sich keine Patronen befinden, zu hart erschüttert werden. Wenn du schon das Schloß abschlagen willst, dann lade die Patronenlager mit Pufferpatronen, die du in jedem Waffengeschäft kaufen kannst, oder als vorübergehenden Notbehelf mit den Hülsen von abgefeuerten Patronen.

5. Kapitel
Grundausbildung

Willst du ein guter Schütze werden, dann muß deine Flinte zu einer Verlängerung deiner selbst werden. Du mußt so lange üben, bis du das Gewehr sinnvoll und rein gefühlsmäßig so rhythmisch benutzt wie deine eigenen Arme und Beine und deinen Kopf. Bewegen sich bei dem Schießen deine Glieder nicht im gleichen Rhythmus mit der Flinte, dann kannst du genausogut ein Feuerwerk abbrennen lassen. Folglich ist es nicht ratsam, die Waffe zu wechseln, wenn du eine Flinte hast, die dir deiner Meinung nach liegt und paßt.

Soviel du experimentieren magst – und dies macht bestimmt Spaß –, du wirst stets am besten mit der einen Flinte schießen, an die du glaubst. Ich habe wohl mehr als die meisten anderen Schützen mit verschiedenen Arten von Flinten Versuche gemacht. Bin ich aber einmal nicht in Form, dann kann ich mich gewöhnlich dadurch ins Ziel bringen, daß ich mit der ersten mir gut passenden Flinte von denen schieße, die ich im Laufe der Zeit besessen habe. Ich weiß, daß ich damit nichts weiter tue, als mir hierdurch einen psychologischen Auftrieb zu verschaffen. Beim Schießen ist eine altgewohnte Flinte dasselbe für den Jäger wie ein glückhaftes Paar alter Stiefel für einen Fußballspieler.

Konzentriere dich auf die *Grundausbildung*. Haben deine Muskeln dadurch das notwendige Gefühlsvermögen erworben, dann kannst du weit besser beurteilen, ob Fehlschüsse durch Mängel der Flinte oder durch dich selbst verursacht werden.

● *1. Nimm deine Flinte zur Hand.*

Ergreife sie dabei nicht nach einer beliebigen Methode, sondern fasse sie am Kolbenhals[5], am Vorderschaft oder an beiden. Hebe eine Flinte nie an der Laufmündung hoch. Ganz abgesehen davon, daß diese Handbewegung eine gefährliche Angewohnheit ist, verrät sie auch einen Mangel an Erfahrung. Ihn bemerken andere Jäger ebenso wie zum Beispiel Reiter, die einen Neuling daran erkennen, wie er die Zügel anfaßt.

Halte die Flinte am Kolbenhals in deiner rechten Hand (für Linkshänder gilt durchweg im ganzen Buch das Umgekehrte) und lege deinen ausgestreckten Zeigefinger an den Abzugsbügel. Komme mit diesem Finger nicht an die Abzüge, damit du ihn als zusätzliche Sicherheitskontrolle benutzen kannst.

Wiege die Flinte lediglich mit dem Handgelenk des rechten Armes auf und ab. Dann hebe den Kolben mit dieser Hand vor die Schulter. Die Flinte wird dir dabei so vorkommen, als sei sie vorn zu schwer; aber *deine rechte Hand ist diejenige, die deine Flinte anheben soll,* und folglich muß sie sich daran gewöhnen.

Jetzt fasse den Vorderschaft der Flinte mit der linken Hand. Dein ausgestreckter Daumen und Zeigefinger weisen dabei in etwa paralleler Linie längs der Läufe.

Deine linke Hand ist die Zielhand.

Mit beiden Händen in dieser Lage ziehe den Kolben der Flinte unter deinen rechten Arm. Es hat keinen Sinn, die Flinte nur lose mit dem Kolben in Ellbogenhöhe zu halten. Du mußt den Kolben richtig unter deine Achselhöhle bringen und das Holz fühlen können, wenn du es zwischen Oberarm und Rippen drückst. Im allgemeinen tut man gut daran, dabei die Läufe etwas nach oben zu richten. Dies ist die Grundstellung „Fertig zum Schuß".

● *2. Nimm die Grundstellung „Fertig zum Schuß" ein.*

Rechte Hand um den Kolbenhals, Zeigefinger vorgestreckt; linke Hand um den Vorderschaft, Daumen nach vorn ausgestreckt; den Kolben der Flinte zwischen deinen Oberkörper und deinen rechten Oberarm gedrückt. In dieser Haltung benutze deinen linken Arm dazu, die Flintenläufe so auszurichten, daß sie nicht nach links, sondern geradeaus vor dich hinweisen. Zuerst wird dir diese Haltung unnatürlich vorkommen. Tatsächlich ist sie aber der erste Schritt auf dem Wege, ein zuverlässiger Schütze zu werden. Der Kolben ist so weit unter die Achsel gesteckt,

[5] Vgl. die Tafel mit den Einzelteilen der Flinte, gegenüber Seite 71.

daß du ihn beim Anschlagen der Flinte an die Schulter nur nach vorn zu schieben und kaum anzuheben hast. Hebst du den Kolben frei hoch, so bedeutet dies, daß die Läufe deiner Flinte in allen Richtungen herumfuchteln. Schiebst du ihn aber am Oberkörper nach vorn, so wird dadurch erreicht, daß die linke Zielhand die ihr zukommende Arbeit der richtunggebenden Steuerung der Flinte verrichtet.

Wenn die linke Hand die Flinte auf das Ziel vorschiebt, dann läuft der Rückstoß des Schusses durch diesen linken Arm ab und weiter ins Knochengerüst hinunter, das ihn wie weicher Gummi abfangen wird. Andernfalls würdest du den Rückstoß voll mit der Schulter abfangen, an der er starke Prellungen und Schmerzen verursacht.

Drückst du den Kolben der Flinte unter die Achselhöhle, dann entlastest du die Hände und hilfst den Armmuskeln, sich zu entspannen.

Am allerwichtigsten ist, daß die Haltung „Fertig zum Schuß" das richtige Anschlagen der Flinte einleitet. Die Haltung soll dich daran gewöhnen, deine Schulter beim Schuß vorwärts gegen den Kolben zu pressen. Sie wird dir helfen, den allgemeinen Fehler, der die meisten Fehlschüsse verursacht, zu vermeiden – nämlich den Kolben rückwärts gegen deine Schulter zu ziehen.

● *Wiederhole: Du mußt deine Schulter gegen den Kolben der Flinte vorschieben. Das Gewehr darf nicht gegen die Schulter nach hinten geschoben werden.*

Es spricht noch manches andere dafür, die Haltung „Fertig zum Schuß" zu einer festen Gewohnheit werden zu lassen. Sie ist die schnellste und sicherste Anschlagsart, weil dabei der Kolben nur wenige Zoll von der Achsel bis vor die Schulter zu rutschen hat, ohne den Kontakt (und das ist wichtig!) mit dem Körper zu verlieren. Die Flinte kommt auf diese Art in einer fließenden Bewegung natürlich und ohne ruckhaftes Anheben in Augenhöhe.

Die Flinte muß von sich aus an das Gesicht hochgehoben werden, statt daß der Kopf seinerseits zu dem Kolben hinuntergenommen wird. Die gegenteilige Bewegung, den Kopf auf den Kolben zu senken, ist falsch und eine der häufigsten Ursachen für Fehlschüsse. Die angeführte Methode verhindert ein überhastetes Anschlagen der Flinte und unterstützt das Abpassen des geeigneten Zeitpunktes zur Schußabgabe. Willst du es dir dabei bequem machen, so wirst du eine Stellung einnehmen, die direkt in die Richtung des Ziels weist.

● *3. Achte auf die Stellung deiner Füße.*[6]

Beachte die Mühe, die sich gute Golfspieler geben, um bequem und im Gleichgewicht zu stehen. Gute Schützen müssen genauso anspruchsvoll sein. Beim Jagen im unebenen Gelände achten erfahrene Jäger darauf, ihren Füßen auf dem Stand eine Stellung zu sichern, in der ein Drehen unbehindert ist.

Ich räume durchaus ein, daß du auf der Einzeljagd auch oft in einem Schirm auf Tauben oder Wassergeflügel zu warten hast, ohne dabei auf den Füßen stehen zu müssen. Das lassen wir aber jetzt aus dem Spiel. Die Grundausbildung befaßt sich zuerst damit, wie du schießt, wenn du aufrecht auf beiden Füßen stehst. Dein Verhalten bei anderen Jagdgelegenheiten, bei denen man beispielsweise sitzt, wird später gelehrt werden. Halte die Flinte „Fertig zum Schuß" und blicke auf die Beine hinunter. Stehst du schießtechnisch richtig, so muß das Gewicht deines Körpers gleichmäßig auf beiden verteilt sein. Bist du durchschnittlich groß, so sollten die Zehen der Füße etwa 25 cm und die Hacken etwa 10 cm auseinanderstehen. Ein größerer Mann kann seine Beine der Bequemlichkeit halber etwas mehr auseinanderspreizen. Es ist jedoch besser, eher eine zu enge als eine zu weite Stellung einzunehmen.

Gibst du eine Flinte in die Hände eines Anfängers, so wirst du sehen, daß er beim Anschlag instinktiv die rechte Schulter vom Kolben nach hinten wegzieht und den linken Fuß vorschiebt. Diese falsche Haltung ist genau das Gegenteil der ebenfalls unrichtigen „aggressiven" Haltung.

Drehe deine Füße nicht (oder allenfalls nur wenig) nach auswärts, sonst wirst du das Gleichgewicht verlieren, und der Rückstoß des Schusses wird den Kolben von der Schulter auf die Armmuskeln bringen. Als Ergebnis würde von rechts anstreichendes Wild unterschossen und von links anstreichendes überschossen werden.

Der zweite Lauf würde seine Ladung unkontrolliert in die Gegend streuen.

Stehst du mit zu eng geschlossenen Hacken, so wirst du feststellen, daß der Rückstoß durch die Schulter aufgefangen wird, statt daß ihn hauptsächlich die Beine aufnehmen, an denen du ihn nicht spürst. Wenn

---

[6] Vgl. die Tafeln zwischen den Seiten 40 und 41.

du nach dem Jagdtage mit einer gestoßenen Backe oder einem gestoßenen rechten Mittelfinger zurückkommst, dann schiebe die Schuld nicht auf die Flinte. Wahrscheinlich hast du (vielleicht neben noch anderen Fehlern) mit zu eng aneinandergestellten Hacken geschossen. Genauso falsch ist es, die Beine zu weit auseinander zu spreizen. Versuche es, und du wirst feststellen, daß es dir hierbei so gut wie unmöglich ist, dein Körpergewicht von einem Fuß auf den anderen zu verlegen, ohne mit dem Rumpf zu schwanken. Folglich wirst du beim Schuß die Schulter fallen lassen und das Wild unterschießen. Auf unebenem Boden vermag dich der Rückstoß dann umzuwerfen. Die ideale Stellung beim Schießen ist folgende: Das Gleichgewicht ist auf beide Beine verlagert. Dein Körper gelangt hierdurch in eine solche elastische Schwebe, daß er den Rückstoß der Flinte ohne Mißbehagen durch die Beine abfließen lassen kann. Ohne eine Flinte in der Hand ist dies die Stellung, in der du deine Schultern rhythmisch, mit nur einer winzigen Gewichtsverlagerung von einem Bein auf das andere, beiderseits schwingen kannst.

Hast du dich davon überzeugt, daß dir diese Stellung zu eigen geworden ist, dann ergreife wieder die Flinte und nimm die Haltung „Fertig zum Schuß" ein. Ohne die Flinte an die Schulter zu bringen, übe jetzt einen Schwung um je 45 Grad nach rechts und nach links. Der Schwung nach links wird das Gewicht des Körpers auf dein linkes Bein verlagern; der Schwung nach rechts wird das rechte Bein besonders belasten.

Nun vergrößere den Schwung auf 90 Grad nach beiden Richtungen hin! Du wirst feststellen, daß du dabei nach Überschreitung eines Winkels von 45 Grad einen Hacken hebst und dich im Fluß der Bewegung auf den Fußspitzen drehst. Im Idealfall sollte sich deine Stellung im Rahmen eines Halbkreises nach rechts oder links nicht ändern. In der Praxis ist es, besonders auf unebenem Boden, manchmal ratsam, einen Fuß hinter den anderen zu schieben. Dennoch bleibt die Lehre im Grundsatz gültig.

● *Nur ein Bein bewegt sich. Das andere ist die Stütze, auf die deine Flinte montiert ist!*

Widerstehe in diesem Stadium des exerziermäßigen Übens dem Drange, die Flinte an deine Schulter zu bringen. Lasse den Kolben unter dem rechten Arm gesteckt bleiben. Die Ursache für mehr als die Hälfte der

Schießfehler liegt vor dem Anschlagen der Flinte. Zunächst müssen die Fußarbeit und das Schwingen des Körpers gemeistert werden. Möglicherweise wirst du viel im Schreiten schießen müssen. Das ist mir auch bewußt, und deshalb gewinne nicht den Eindruck, daß meine Ausführungen über die Fußarbeit wohl für einen Jäger auf einem bequemen Stand bei einem Fasanentreiben gelten, aber nicht für den Jäger auf der Suchjagd. Wenn du treffen willst, gibt es hierbei keinen Unterschied. Mag die Gelegenheit zum Schuß noch so unerwartet kommen, es bleibt immer genug Zeit, die richtige Stellung der Füße beim Schuß zu finden, wenn das Gefühlsvermögen der Muskeln hierfür gut ausgebildet ist. Denke daran, daß du dein Ziel unterschießen wirst, wenn du bei vorgesetztem linken Fuß abdrückst. Schießt du mit zu eng zusammengestellten Füßen, so wirst du das Gleichgewicht verlieren und unter dem Rückstoß leiden. Der Schuß aus deinem zweiten Lauf wird einfach eine Patronenverschwendung sein.

Die Zeit reicht stets aus – nicht für ein bewußtes Visieren mit dem Korn der Flinte, denn auf diese Art wirst du vorbeischießen –, um Deinen Körper, mit dem Auge auf das Ziel gerichtet, einzustellen.

● *4. Die Bedeutung des Griffes.*

In dem vorstehenden Abschnitt habe ich erklärt, wie infolge falscher Bein- und Fußhaltung vorbeigeschossen wird. Im folgenden Kapitel wird ausgeführt werden, wie unrichtige Kopfhaltung Fehlschüsse verursacht. Dieser 4. Lehrabschnitt wird zeigen, wie auch mit den Händen Schießfehler begangen werden.

Wie jeder Pädagoge weiß, liegt das Geheimnis aller Grundausbildung für körperliche Betätigungen darin, die Übungen in Etappen zu lernen und sie so oft zu wiederholen, bis der Schüler kaum noch daran denken muß, was er tut. Ich muß daher darauf bestehen, daß auch du angestrengt lernen mußt, wenn du ein zuverlässiger Schütze werden willst.

Laß uns aus der Haltung „Fertig zum Schuß" heraus einen Versuch machen. Für den Augenblick konzentriere dich hierbei auf die Hände und überprüfe deinen Griff, auch wenn die meisten glauben, daß sie eine Flinte immer natürlich und richtig fassen.

Ein üblicher Fehler besteht darin, die rechte Hand viel zu sehr oben auf den Kolbenhals zu legen. Um die Folgen zu erkennen, lege bei dieser falschen Handhaltung deine Finger, so weit du irgend kannst, um den Kolbenhals. Dabei wirst du zunächst feststellen, daß du die Flinte nicht anzuheben vermagst, ohne deinen Ellbogen gleichfalls anzuheben.

Ferner wird, wenn du in dieser Haltung schießt, der Rückstoß das hintere Ende des Abzugbügels gegen einen der Knöchel oder eines der Glieder des Mittelfingers prellen und ihn hierdurch verletzen. Ein anderer, ebenfalls Verletzungen verursachender Fehler ist es, wenn Schützen mit kurzen Daumen ihren rechten Daumen mit seiner Kappe gegen das hintere Ende des Oberhebels legen. Die rechte Hand liegt richtig, wenn der Kolbenhals sich bequem in die hohle Hand einfügt. Dabei muß das vordere Glied deines Zeigefingers – nicht das vordere Gelenk – längs des Abzugsbügels gerade so liegen, daß der Ballen dieses Gliedes auf den vorderen Abzug drücken kann. Du mußt einen Streifen Tageslicht zwischen dem hinteren Ende des Abzugbügels und deinem Mittelfinger deutlich sehen können.

Beim Schuß hat deine rechte Hand nichts weiter zu tun, als den Kolben aus der Haltung „Fertig zum Schuß" unter der Achsel hervor (nur die 15 cm, die er dabei zurücklegen soll) in den vorwärts gerichteten Schub deiner Schulter anzuheben. Dein Zeigefinger, der zur Schußabgabe an den Abzug gelegt ist, sollte sich bei dessen Betätigung kaum bewegen, *weil Flintenabzüge nie durchgerissen werden dürfen.* Dein Zeigefinger wird den Druck auf den Abzug nur ein wenig zu verstärken brauchen, um dem Schub deiner Schulter gegen die Flinte und der nach vorn gerichteten, ausgeglichenen Bewegung deines ganzen Körpers zu begegnen.

Mit deiner linken Hand deutest du sozusagen auf das Ziel. Deine linke Hand teilt sich in die Arbeit, die mit der rechten Hand angehobene Flinte an deine sich vorschiebende Schulter zu bringen, und sie ist auch *die Zielhand.* Während es sich von selbst versteht, daß die Laufmündung bei einem tödlich treffenden Schuß mit der Flinte genau auf das Ziel (beziehungsweise den Punkt seiner Vorbewegung) gedeutet haben muß, ist der Gedanke dennoch irreführend, den Flintenschuß mit bewußtem Zielen über die Läufe in Verbindung zu bringen; es sei denn, dein Ehrgeiz reiche nicht weiter als bis zum Schuß auf stillsitzende Ziele.

● *Wiederhole: Die Läufe einer Flinte dürfen weder bewußt gesehen noch darf ihr Knall bewußt gehört werden.*

Du brauchst nichts weiter zu tun, als darauf zu achten, daß der ausgestreckte Daumen deiner linken Hand, der entlang der Läufe liegt, in die richtige Richtung zeigt. Überlasse die Flinte sich selbst. Sie wird dorthin schießen, wohin auch immer deine linke Hand sie deutet. Es ist mir durchaus verständlich, daß es dir in diesem Stadium schwerfällt, als Regel anzusehen, gute Schützen zielten nicht mit den Läufen; denn das scheinbar „Natürliche" – wie oft irrt sich die natürliche Theorie – wäre es, die Flinte an die Schulter zu bringen, über die Visierschiene und das Korn zu zielen und abzudrücken. Schießt du aber derart auf sich bewegende Ziele, dann ist es ein reiner Zufallstreffer, wenn du den in die Luft hochgeworfenen Hut deines ärgsten Widersachers durchlöcherst.

Hebe deine Flinte mit deiner rechten Hand am Kolbenhals hoch. Achte darauf, daß er sich bequem in deine hohle Hand einfügt, daß der vordere Abzug in Reichweite des Ballens des vorderen Gliedes deines ausgestreckten Zeigefingers liegt und daß Tageslicht hinter dem Abzugsbügel durchscheint. Dann setze die Flinte mit der rechten Hand – das wird dir helfen, die richtigen Muskeln zu trainieren – an deine Schulter. Du wirst feststellen, daß sie hierbei vorderlastig ist.

Jetzt schließe deine linke Hand um die Unterseite des Vorderschaftes mit längs des linken Laufes ausgestrecktem (nicht oben herum gefalteten) Daumen. Ist das Gewicht der Flinte gleichmäßig zwischen deinen beiden Händen gelagert, so hältst du sie richtig.

Liegt die linke Hand zu weit zurück, so kommt der Schaft vor den Läufen hoch. Du wirst dann auch den Rückstoß spüren. Liegt die linke Hand zu weit nach vorn, so kommen die Läufe vor dem Schaft hoch. Du wirst auf beiderlei Art vorbeischießen.

Probiere aus, bei welcher Lage der Hand an dem Vorderschaft die Schwerpunktlage der Flinte ausgeglichen ist und die Flinte waagerecht hochkommt, damit die Läufe in dem Augenblick, in dem deine Schulter sich gegen den Kolben schiebt, mehr oder weniger parallel zu der Sehlinie deiner Augen verlaufen.

Falls du nur gelegentlich eine Flinte in die Hand nimmst, werden dich Übungen dieser Art ermüden. Es ist erstaunlich, wie schwer sechs oder sieben Pfund beim Üben sein können. Du mußt deshalb, zum Lernen, körperlich trainieren.

Beherrscht du in Verfolg der bisherigen Anweisungen die Haltung „Fertig zum Schuß" einschließlich „Stellung der Füße", dann stellt sich bei diesem Abschnitt über den „Griff" die Frage: Wie fest hältst du die

Flinte? Ich schätze, daß du dich mittlerweile so fest an sie klammerst, wie an einen Strick beim Tauziehen. Entspanne dich! Gewöhne es dir beim exerziermäßigen Üben an, den Kolbenhals der Flinte, die jetzt unter der Achselhöhle ruht, und den Vorderschaft so innig zu umfassen wie ein geliebtes Mädchen, aber auch so zart wie eines, dem du von Herzen zugetan bist. Der handfeste Griff an der Flinte darf erst während ihres Hochhebens vor die Schulter zunehmend einsetzen, und er darf volle Stärke erst in dem Zeitpunkt erreichen, in dem die Schulter gegen den Kolben vorgeschoben und der Abzug gedrückt wird.

Erfolgt die diesbezügliche Anstrengung des Schützen bereits in den ersten Phasen des Anschlagens der Flinte, wird der Anschlag verkrampft und der Schütze wird sich schon beim Schuß entspannen und folglich vorbeischießen.

● *5. Über falsche Kopfhaltung.*

Robert Churchill pflegte zu sagen, daß falsche Kopfhaltung schuld an mehr als der Hälfte der Fehlschüsse wäre. Du kannst dich selbst davon überzeugen, indem du deinen Finger auf irgendeinen Gegenstand richtest. Schließt du danach bei bleibender Haltung des Kopfes ein Auge, so wirst du feststellen, daß der Gegenstand der Höhe nach beim ersten Zielversuch sofort genau angefaßt wurde. Wird jetzt bei beibehaltener Richtung des Fingers auf den Gegenstand hin der Kopf gehoben oder gesenkt, zeigt sich ein Abweichen des Fingers von dem anvisierten Ziel; im ersteren Fall nach unten, im zweiten nach oben.

Um derartige Sehschwankungen auszuschließen, ist eine gleichbleibende, stets aufrechte Haltung des Kopfes mit steifem Nacken einzunehmen und zu erlernen. Tätige zu diesem Zweck Anschlagsübungen vor dem Spiegel. Siehst du deinen Kopf auf den Kolben herunterkommen, dann übe so lange, bis du dir sicher bist, daß sich der Hals nicht mehr zu der Flinte hinunterbeugt. Das Schießen ist eine stolze Betätigung, bei der ein aufrecht gehaltener Kopf eine unbedingte Voraussetzung für den Erfolg ist.

Der Kopf sollte sich auf den Schultern nur zusammen mit dem ganzen Körper bewegen, wenn die Flinte bei ihrem Anschlag gehandhabt wird.

Lasse den Kopf nicht hängen, als ob du damit den Kolben der Flinte kosen wolltest. Hebe die Flinte ihrerseits in Kopfhöhe hoch, wenn du sie an die Schulter bringst.

Nach diesem ganzen Drill will ich eindringlich raten, daß du lernen mußt, dich zu beherrschen. Hierfür ist im Grund nichts weiter zu tun, als sich zu konzentrieren, das Auge auf das Ziel gerichtet zu halten, schon mit dessen Tod zu rechnen, ehe der Abzug gedrückt wird, sich stets auf das erste Zielanfassen zu verlassen und sich dessen zu befleißigen, was am besten mit dem Ausdruck völliger Gelassenheit bezeichnet werden kann. Es hat nie jemand getroffen, der übermäßig besorgt war. Der Fasan etwa, der wegfliegt, ist immer der, den du der Küche als Braten versprochen hast, oder der, mit dem du deinem Begleiter beweisen wolltest, daß er nicht vorbeizuschießen wäre. Gute Schützen schießen kaum überhastet und selten überängstlich. Du mußt den Drill meistern. Ohne ihn wüßtest du nicht, warum du ein Scheunentor verfehlst oder es aber triffst. Sind die Grundregeln in Fleisch und Blut übergegangen, so wirst du immer wissen, *weshalb* du vorbeischießt.

Das nächste Kapitel befaßt sich mit dem wohl schwierigsten Vorgang beim Flintenschießen, der Koordinierung all der mechanischen Funktionen von Stellung, Fußarbeit, Griff, Kopfhaltung mit der Betätigung des Zielens.

6. Kapitel
Anschlagen
und Durchschwingen

Richtest du bei gestrecktem Arm einen ausgestreckten Finger auf einen Gegenstand, so zielst du auf ihn und paßt deine Sehlinie unbewußt der Linie deines Armes ein. Du brauchst dich nicht erst davon zu überzeugen, ob du dabei deinen Finger genau auf das Ziel hältst. Du nimmst an, daß du richtig zielst, und so ist es auch tatsächlich.

Die Kunst des Anschlagens einer Flinte liegt darin, daß du die Waffe so natürlich in das Ziel bringst, wie du es mit dem Ausstrecken des Fingers tust. Noch einmal zu überprüfen, ob richtig gezielt wird, ist überflüssig. Wenn du die Bewegung der Flinte *fließend und ohne zu zögern* ausführst, so als deutetest du mit deinem eigenen Finger, dann wirst du im Ziel sein.

Du wirst nur dann vorbeischießen, wenn du die Harmonie des Bewegungsablaufes des Körpers und der Flinte auf unnatürliche Weise störst. Beispielsweise kannst du nicht mit deinem Finger genau auf das Ziel hindeuten, wenn dein Auge in eine andere Richtung schaut.

Es ist auch schwer, genau hinzudeuten, wenn dein Körper nicht im Gleichgewicht ist. So wäre es z. B. unmöglich, wenn die Verbindung von Arm und Schulter gestört wäre. Alle begehen wir den einen oder anderen Fehler dieser Art, wenn wir vorbeischießen. Das Trainieren zielt darauf ab, solche Fehler auszuschalten und die Flinte zu einem Glied unseres Körpers zu machen.

Auf dem Papier sieht sich das ganz einfach an. In der rauhen Wirklichkeit erfordert die vielfältige Bewegung des Flintenanschlages aber bewußte Bemühungen, die so komplex sind wie das unbewußte Be-

Die Haltung „Fertig zum Schuß": Die Flinte ist zwischen Oberarmmuskel und Rippen gedrückt, aber nicht gepreßt. Dieses Andrücken der Flinte gegen den Körper darf nur so stark sein, daß hierdurch das Halten des Gewehrs erleichtert wird. Die Flinte deutet vor der Brust nach vorn. Der Zeigefinger liegt ausgestreckt über dem Abzugsbügel. Ein Anheben der Läufe nach oben ist empfehlenswert.

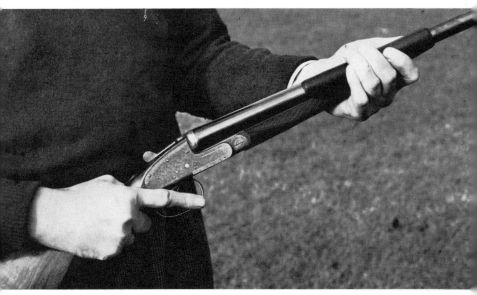

Die halbe Ruhestellung: In Vorbereitung auf den Schuß läßt sich eine Flinte leichter mit annähernd ausgestrecktem rechten Arm bzw. nur wenig gebeugtem Ellbogengelenk halten. Du bist dann bereit, den Kolben für die schwierige Bewegung des richtigen Anschlages unter dem Oberarm zu schieben. Beim Flintenschießen kommt es vor allem anderen darauf an, die Waffe als Verlängerung deiner eigenen Glieder zu benutzen.

Falsch: Die „natürliche" Art, die Flinte beim Gehen zu tragen, ist gefährlich. Die Läufe schwingen bei jedem Schritt seitlich dessen, der wahrscheinlich neben dir geht. Auch wenn du glaubst, allein zu sein, bist du es doch in unserem übervölkerten Land nie.

Richtig: Die „unnatürliche" Art ist die richtige Art. Schiebe beim Gehen die Flinte vor die Brust, so daß die Läufe geradeaus vor dich hindeuten. Du tust gut dabei, die Läufe mit ihren Mündungen ein wenig nach oben zu richten. Bietet sich die Chance für einen Schuß, so wirst du feststellen, daß du fließender und genauer ins Ziel kommst.

Falsch: Bei zu eng aneinandergestellten Hacken verliert man beim Schuß das Gleichgewicht und ist dem Rückstoß ausgeliefert.

Falsch: Das ist die „aggressive" Stellung mit zu weit vorgeschobenem linken Fuß, meist von einem Zurückweichen der Schulter begleitet.

Falsch: Die Füße stehen zu weit auseinander. Der Rückstoß wird dem wehetun, der so steht. Er kann sich nicht frei bewegen.

Richtig: In Gewicht und Haltung ist der Körper ausgeglichen und bereit, sich auf dem Hacken im rechten Winkel in jeder Richtung zu wenden.

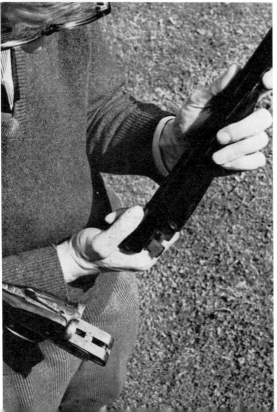

Oben und unten: Zusammensetzen und Auseinandernehmen deiner Flinte sollte als Drill ausgeführt werden. Wird der Vorderschaft abgenommen, um Läufe und Verschlußgehäuse trennen zu können, so achte darauf, daß der Vorderschaft nicht beiseite gelegt, sondern vor der Verriegelung weiter vorn an den Läufen gehalten wird.

mühen, mit dem Finger auf etwas zu zeigen. Du wirst die Sache nicht meistern, ohne das „Gefühlsvermögen" der Muskeln zu trainieren.

Wo aber liegt nun der Punkt, den deine Flinte beim Anheben erreichen soll; du wirst sie nie an den richtigen Fleck bekommen, wenn du nicht von Anfang an weißt, wo der Kolben der Flinte in deiner Schulter zu ruhen hat.

Du findest die genaue Stelle am besten dadurch, daß du deine Arme verschränkst. Dabei wird dir auffallen, daß deine Schultern genauso nach vorne kommen, wie deine rechte Schulter nach vorn kommen müßte, um dem Kolben zu begegnen. Fühle mit deiner linken Hand die „Einbuchtung", die die gekreuzten Arme zwischen deinem Schlüsselbein und deiner Oberarmkugel bildet. Sie ist genau die Stelle, an der die Kolbenkappe beim Anschlag der Flinte zur Ruhe kommen soll. Beim Tasten könnte man fast glauben, der menschliche Körper sei anatomisch geradezu so konstruiert, den Kolben aufzunehmen.

Ergreife deine Flinte in der Haltung „Fertig zum Schuß", klemme den Kolben unter sanftem Druck zwischen den rechten Oberarm und die Brust, und schiebe die Läufe so von deiner Brust weg, daß sie nicht quer vor dem Körper liegen, sondern vor dich hindeuten.

Jetzt gib der Flinte mit deinem linken Arm und deiner linken Hand einen kurzen *Schub nach vorn,* der es dir gerade noch ermöglicht, mit Zuhilfenahme der rechten Hand die Kolbenkappe längs deines rechten Oberarmes hoch in die „Einbuchtung" in deiner herankommenden Schulter zu schieben. Die Bewegungen der Flinte sollten dabei so kurz wie möglich sein und sie höchstens etwa 15 cm von Punkt zu Punkt wandern lassen. Im Idealfall sollte der Kolben nie die Berührung mit dem Stoff der Kleidung verlieren. Ein möglichst kleiner Abstand zwischen Kolbenkappe und Schulter ist das einzige, was erforderlich ist. Der Schub des linken Armes sorgt automatisch hierfür.

Achte darauf, diese Handhabung der Flinte nicht zu verpfuschen und mit Kolben und Läufen auf und ab zu schaukeln. Beschränke diese hochziehende Bewegung der Flinte möglichst auf den kürzesten Weg und lasse sie in ausgeglichener Schwerpunktlage in Höhe deiner Augen kommen. Denke hierbei daran, daß es falsch wäre, den Kopf dabei zu senken, um der hochkommenden Flinte zu begegnen.

Übe so lange mit steifem Hals und gehobenem Kopf, bis du spürst, wie sich die Flinte glatt in die „Einbuchtung" deiner Schulter und in deine Sehlinie einschmiegt.

Dies ist die erste Lektion beim Anschlag des Gewehres. Sie ist eine vorbereitende Übung für die Überwindung der Schwierigkeiten, die sich beim Drücken des Abzuges ergeben. Beim wirklichen Schuß wird der Kolben der Flinte dem vorwärtsgerichteten Schub deiner Schulter nur im Augenblick des Schusses begegnen. So leicht sich das ausspricht, so schwer sind die Verhältnisse auf der Jagd zu beschreiben. Aber Übung, und nochmal Übung werden dir dazu verhelfen, die Situation zu meistern.

Gefühlsmäßig wird es dich, besonders wenn du noch schlecht schießt, immer und immer wieder dazu verleiten, den Kolben deiner Flinte an die Schulter zu bringen, danach noch einen zusätzlichen Blick auf das Ziel zu riskieren und dann erst zu schießen. Auf diese Weise wirst du ein sich bewegendes Ziel um Meter unterschießen. Du mußt dich dazu erziehen, auf die *erste Zielerfassung hin* zu schießen. Beim jagdlichen Schießen noch einmal zu überlegen, bedeutet praktisch die Verschwendung einer Patrone.

Der gröbste Fehler, den du machen kannst, ist der Versuch, ein sich bewegendes Ziel dadurch abzufangen, daß du ein Stück davor in die Luft hältst. Auf solche Ziele vorzuhalten, ist ebenso hoffnungslos, als wolltest du einen Gegenstand aufheben, während du in eine andere Richtung blickst. Ab und zu wird dir ein Zufallstreffer gelingen, aber ein zuverlässiger Schütze wirst du auf diese Art nie werden.

Ich werde die Theorie des bewußten Vorhaltens in einem späteren Kapitel erläutern, weil so wenige Schützen die Fragwürdigkeit dieses Verfahrens zu begreifen scheinen. Für das Schießen in der Praxis ist Theorie aber nur von bedingtem Interesse. Wenn dir klar ist, daß du bei richtiger körperlicher Handhabung der Flinte treffen kannst, *ohne bewußt zu zielen,* so wird dir die Methode des bewußten Vorhaltens völlig überflüssig sein.

Sie wird auf der Jagd nicht ein Stück Wild mehr einbringen.

Beherrsche dein Training. Aber denke daran, daß es für jagdliche Bedingungen lediglich eine Vorübung ist. Selbst wenn du gelernt hast, alle „Kasernenhofbefehle" auszuführen, wird deine Flinte ein lebloser Gegenstand bleiben, solange du nicht von dem Willen zu treffen beherrscht bist und bis dir die Fähigkeit, den geeigneten Zeitpunkt für den Schuß abzupassen, in Fleisch und Blut übergegangen ist.

Die Spitzenkönner aller Sportarten erkennen an, wie entscheidend für das Gewinnen der Wille ist. Dieselbe Bedeutung besitzt er für das

Schießen. Wenn du Angst vor der Flinte hast, wenn es dir an Vertrauen in deine Fähigkeit mangelt, sie zu handhaben oder schnell und treffsicher auf ein Ziel zu schießen, dann kannst du genausogut mit Pfeilen nach einer Scheibe werfen. Das Prinzip, daß eine Nessel nicht sticht, wenn du sie fest anpackst, ist auch das Prinzip des Umgangs mit der Flinte.

Eine Flinte Kal. 12 oder 16 kann weh tun. Sie kann einen Zahn losschlagen, ein Lippe oder eine Wange stoßen oder dich mächtig aus dem Gleichgewicht bringen, falls deinerseits dem Rückstoß nicht genügend begegnet wird.

Aber wenn du deine rechte Schulter mitarbeiten läßt, dich darin übst, deinen Körper in ausgewogenem Gleichgewicht zu halten und deine Entschlossenheit bei einem Fehlschuß mit einem herzhaften Schimpfen auf dich selbst unterstreichst, dann bist du auf dem besten Wege, der gute Schütze zu werden, zu dem ich dich machen will. Es kommt entscheidend auf die Geisteshaltung an, bewußt eine gezügelte Aggressivität zu pflegen.

Das Abpassen des für das Schießen geeigneten Zeitpunktes drückt sich in dem fließenden und ausgeglichenen Tempo aus, in dem die Flinte aus der Haltung „Fertig zum Schuß" bis zum Augenblick der Abgabe des Schusses hochgebracht wird. Auf der Jagd wirst du die Flinte auf rasch streichendes Wild schneller als auf langsam streichendes Wild anschlagen. Mache dir aber keine Gedanken, warum du das so machst. Vertraue lediglich dem Auge. Ob du triffst oder vorbeischießt (vorausgesetzt, daß das Ziel noch in Schußentfernung ist), darüber wird in der kurzen Spanne Zeit entschieden, in der die Flinte aus der Lage unter dem Arm zur Schulter gehoben wird. Das ist wohl der wichtigste Vorgang beim Schießen.

Wartest du bei der Jagd auf eine Gelegenheit zum Schuß, so mußt du zunächst die Flinte in der Stellung „Fertig zum Schuß" halten, aber ohne dabei die Muskeln krampfhaft anzustrengen. Erblickst du das Wild, dann sauge dich mit den Augen an dem Ziel fest, wiege dich auf dem richtigen Fuß und fange gleichzeitig an, die Flinte langsam hochzubringen; verstärke fließend das Tempo in dem Maße, in dem dir deine Augen befehlen, dem Ziel zu folgen. Schiebt sich deine Schulter gegen die Kolbenkappe, verhärte deine Nackenmuskeln und versteife zur Schußabgabe den Zeigefinger zu einem nachhaltigen, aber nicht reißenden Druck.

● *Du schlägst deine Flinte langsam – langsam – schneller – Schuß!*
genauso an, als wäre sie dein rechter Arm.

Die meisten der bisherigen Anweisungen gelten für Flugwild, das mehr
oder minder spitz von vorn anstreicht oder spitz abstreicht, und das
infolgedessen während des Anschlags der Flinte nur sehr geringe seit-
liche Körperwendungen erfordert.

Wird hierbei der Körper im aus-
gewogenen Gleichgewicht gehalten, wandert das Auge nicht vom Ziel
ab und der geeignete Zeitpunkt für das Anschlagen der Flinte und das
Abdrücken des Abzuges wird abgepaßt und vom Willen zu treffen beherrscht. Das sind dann die leichtesten Schüsse. Überwiegend muß man
jedoch mit dem Ziel nach links oder rechts oder nach hinten mitschwingen. Dann ist die Fußarbeit von entscheidender Wichtigkeit.
Abgesehen von der Aufgabe, den Anschlag der Flinte und die Augen in
Verbindung zu bringen, muß der ganze Körper sich mit der Flinte
drehen.

● *Der Schub deiner Schulter gegen den Kolben muß zeitlich so abgepaßt werden, daß der Schub genau mit dem vollendeten Schwung
des Körpers übereinstimmt.*

Da die meisten Flinten zwei Läufe haben, magst du dich wundern,
warum ich den zweiten nicht öfter erwähnt habe. Konzentriere dich
von Anfang an auf den erfolgreichen Gebrauch des ersten Laufes. Das
spart Geld. Ich besinne mich darauf, daß mir Robert Churchill zu
sagen pflegte, er begnüge sich zu Anfang eines Jagdtages damit, stets
nur einen Lauf auf die ersten sechs Vögel, die ihm kämen, abzufeuern,
bis er sich sozusagen eingeschossen hätte. Ich erinnerte ihn mit etwas
mißbilligendem Gesicht daran, daß ich mich auf der Art von Jagden,
die ich gewohnt wäre, glücklich schätzte, wenn sich mir während des
ganzen Tages sechs Möglichkeiten zum Schuß böten. Aber der große
Schießlehrer hatte natürlich grundsätzlich recht. Versuche nicht mit
zwei Fäusten zu boxen, solange du nicht sicher mit einer zu einem K. o.-
Schlag ausholen kannst.

Sobald du aber den Rhythmus des Flintenschießens beherrscht,
zögere nicht, auch den zweiten Lauf anzuwenden; und benutze ihn
schnell. Er ist besonders bei solchen Gelegenheiten wertvoll, bei denen
du dir mit dem ersten Lauf zu viel Mühe gegeben und vorbeigeschossen hast. Du wirst entdecken, wie oft du mit einem etwas verärgerten
Schnappschuß aus dem zweiten Lauf tödlich treffen kannst.

Es gibt geborene Schützen, die es fertig bekommen, mit zwei Läufen hintereinander ausgeglichen zu schießen, ohne die Flinte abzusetzen. Sie sind sehr selten. Die meisten Schützen sind nach dem Rückstoß vom Ziel abgekommen. Fange einfach wieder von vorn an. Du wirst bald lernen, wie schnell du dein Gleichgewicht wiedergewinnen kannst, tatsächlich viel schneller, als irgendein Vogel fliegt.

Dieser Leitfaden könnte hier abgeschlossen werden, falls sich das, was ich hier in der Theorie erklärt habe, so leicht in die Praxis umsetzen ließe. Wäre das so einfach, dann machte das Flintenschießen keinen Spaß. Erstaunlicherweise fällt es vielen der geborenen Schützen, die kaum je vorbeischießen, schwer zu erklären, wie sie so mühelos treffen. Das hilft uns Übrigen nur wenig, die wir uns den Kopf darüber zerbrechen, warum wir so oft nicht im Ziel sind.

● *Wenn du weißt, warum und wo du vorbeischießt, dann bist du auf dem besten Wege, ein guter Schütze zu werden!*

7. Kapitel
Lerne, warum du vorbeischießt

Der Wert des Trainings und die Wichtigkeit des *Zeitsinnes* können auf eine Art und Weise veranschaulicht werden, die zunächst fast wie ein Zauberkunststück aussieht.

Beobachtet man einen anderen Schützen beim Schießen auf der Jagd und achtet dabei *nicht auf das, worauf er schießt, sondern auf seinen Stil,* dann wird man sehr schnell schätzen können, ob er getroffen oder vorbeigeschossen hat.

Wenn du einen Jäger siehst, der mit seiner Flinte herumfuchtelt, seinen Kopf fallen läßt, mit seiner Schulter zurückzuckt, mit den Füßen umhertappt und zögernd nach dem Ziel stochert, ehe er den Abzug betätigt, dann kannst du dich darauf verlassen, daß er vorbeigeschossen hat. Siehst du aber, wie die Flinte ruhig – langsam – schnell – schneller in einem rhythmischen Heben hochkommt und wie sich der ganze Körper zügig in die Bewegung hineinlegt, dann brauchst du gar nicht erst hinzusehen, um einen sauberen Schuß festzustellen, sobald der Knall ertönt.

Heutzutage, wo so viele Menschen eine Filmkamera und einen Filmvorführungsapparat besitzen, ist es vorteilhaft, wenn man einen Freund dafür gewinnen kann, die eigene Schießtätigkeit aufzunehmen. Du wirst dann sehr leicht deine eigenen Fehler feststellen können.

Schützen, die bei einem Treiben aus einem anstreichenden Volk Hühner zwei nach vorn schießen können, die Flinte austauschen und zwei weitere Hühner nach hinten schießen, besitzen Zeitsinn und Bewegung in vollkommener Ausgeglichenheit.

Jeder, der eine Autonummer auf zwanzig Meter lesen kann, vermag es durch Übung dahin zu bringen, ein tüchtiger und zuverlässiger

Schütze zu werden. Wenn du es richtig machst, wird es dem Zuschauer wie ein Spiel vorkommen; mehr noch, du wirst es an einem guten Tag selbst so empfinden. Aber auch die besten Schützen haben nicht immer ihren guten Tag. Dir möchte ich dazu verhelfen, dich selbst wieder in Form zurückzuschießen, wenn gelegentlich alles schiefzugehen scheint. Auf einer gut besetzten Jagd wirst du des öfteren durch Schmerzen, die der Körper durch die Rückstöße empfindet, beim Schießen behindert werden. Solche Beschwerden aber folgen in erster Linie aus Fehlern, die bei der Handhabung des Anschlages unterlaufen. Hast du in vollendetem Stil geschossen – was für niemand ständig zutrifft – so müßtest du theoretisch fünfhundert Schüsse ohne Beschwerde, abgesehen von einer natürlichen Ermüdung der Muskeln, durchstehen. In der Praxis lassen aber selbst die härtesten Jäger nach rund einhundertfünfzig Schüssen in der Leistung nach.

Außer der Anstrengung, sich auf das Wild und das Schießen zu konzentrieren, beeinflußt auch das Gefühl der besonderen Gelegenheit manche Schützen nachteilig. Einigen Jägern, die gut schießen, wenn sie allein sind, fällt es schwer, ihr Bestes auf einer Gesellschaftsjagd zu leisten, besonders wenn ihnen die anderen Jäger fremd sind. Die Nerven sind angespannt, und Jäger, die zum ersten Male an einer Jagd teilnehmen, geben sich oft zu viel Mühe. Auch die Aufregung eines unerwartet guten Jagdtages verleitet zu Stilfehlern und zu Mängeln, die sich in damit verbundenen Beschwerden bemerkbar machen. Ich habe nie von jemandem gehört, der sie ganz hätte vermeiden können. Du mußt deshalb ihre Ursachen kennen und wissen, wie du sie abwenden kannst.

● *Gestoßener rechter Mittelfinger.*

Eine der häufigen Schießbeschwerden sind Beschädigungen des rechten Mittelfingers. Sie werden dadurch verursacht, daß der hintere Teil des Abzugsbügels beim Rückstoß auf diesen Finger trifft. Das kann aus vier Gründen passieren:
1. Du hast die Flinte im Augenblick des Schusses zu lose gehalten;
2. Du hast es beim Umfassen des Kolbenhalses versäumt, einen Zwischenraum zwischen dem Mittelfinger und dem Abzugbügel zu lassen, vielleicht, weil du den Zeigefinger zu weit über den Abzug gekrümmt hast;
3. In bezug auf den Abzugbügel reicht die Kolbennase zu weit nach vorn; infolgedessen drückt sie bei dem Umfassen des Kolbenhalses

so stark gegen deinen Daumenballen, daß eine breite Hand nicht genügend zurückliegt und der Mittelfinger nicht den erforderlichen Abstand von dem Abzugbügel erhält;

4. Du hast deinen rechten Ellbogen zu stark angehoben und in dem Zeitpunkt deinen Griff gelockert, in dem er fest sein mußte.

Selbst, wenn der Kolben deiner Flinte zu kurz für dich ist, so denke daran, die rechte Hand so weit zurückzuhalten, daß der Abzug nur mit dem Ballen des vorderen Zeigefingers berührt wird. Fällt dir das schwer, so tätest du gut, den Kolben der Flinte mit einer dickeren Schaftkappe zu verlängern. Im Fall einer zu langen Kolbennase ist sie so weit zurückzuschneiden, daß sie bei dem bequemen Umfassen des Kolbenhalses mit der rechten Hand nicht gegen den Daumenballen drückt. Wahlweise können Dauersünder auch einen Gummipuffer über das hintere Ende des Abzugsbügels schlingen, an dem der Mittelfinger anliegt. Büchsenmacher verfügen über eine Anzahl von Mittelchen, um verschiedenen derartigen Mängeln abzuhelfen. Sorge von Anfang an dafür, daß dir der Drill in Fleisch und Blut übergeht; dadurch schaltest du Mängel dieser Art am besten aus.

● *Gestoßene Wange und gestoßener Unterkiefer.*

An Wangen und Unterkiefern, die durch den Rückstoß der Flinte geprellt werden, leiden, wie der Verfasser, vornehmlich große, langhalsige Schützen. Kleine, gedrungene Schützen werden selten von solchen Leiden befallen. Die Prellungen sind schwer zu vermeiden, besonders im Verlaufe eines Jagdtages, an dem viel geschossen wird. Mögliche Ursachen sind:

1. Der Schaft kommt ein wenig zu weit über die richtige Lage hoch;
2. Der Kopf wird zu sehr aufgerichtet gehalten;
3. Der Kopf wird im Augenblick des Schusses gesenkt.

Theoretisch sollte, um das Ärgernis zu vermeiden, der Kopf ein bißchen beiseite gedreht werden. Das Fleisch der Backe soll nicht wie ein Stück Schinken auf einem Butterbrot zwischen Kiefer und Schaft gepreßt werden.

Ich selbst habe es nie gelernt, einige Hundert Schüsse abzugeben, ohne einen angeschwollenen Kiefer zu bekommen. Ich finde mich damit ab, in dieser Hinsicht empfindlich zu sein. Solange man nicht muckt, beeinflußt ein gestoßener Kiefer die Leistung beim Schießen nicht wesentlich.

● *Kopfschmerzen durch Schießen.*

Dies Übel befällt Jäger, die ihren Kopf zu lose halten. Das alte Mittel, dem Fehler dadurch zu begegnen, daß man ein Gummiband zwischen den Zähnen hält, ist oft wirkungsvoll. Weit besser ist es jedoch, das Straffen der Nackenmuskeln zu lernen.

● *Gestoßener Mund, gestoßener Arm, gestoßene Schulter, gestoßene Brust.*

Anfänger, die zum erstenmal mit der Flinte schießen, reißen sich oft die Lippe auf, oder sie ziehen sich eine in allen Farben schillernde Beule auf der Schulter oder Schwellungen des Oberarms zu. Vorbeugend kann es ratsam sein, diese Schützen daran zu erinnern, was sie in ihren Händen halten. Die Ursachen sind ein loser Griff, ein schwächlicher Anschlag, Mucken und Angst vor dem Rückstoß. Die Kur besteht darin, sich die einzelnen Grundlagen des Drills einzuprägen oder, wenn das nicht hilft, das Schießen aufzugeben.

Man tut gut daran, jedes Anzeichen von Unbehagen bei Schußabgaben als die Folge eines Irrtums im Stil anzusehen. Wenn du solche Mängel ohne künstliche Hilfen ausschaltest, so wird das deine Leistung verbessern.

Beim Studium der Ursachen von Schießfehlern schiebe man nie die Schuld auf die Patrone. Du kannst mit Recht annehmen, daß die moderne Standardpatrone ein durchaus regelmäßiges, gut deckendes Trefferbild liefert, indem sich die abgefeuerte Schrotladung nach dem Verlassen der Laufmündung einer Flinte zu einem Kegel erweitert. Sich in der Längsrichtung und nach den Seiten ausbreitend, nimmt er auf die durchschnittliche Entfernung, auf die das meiste Wild und auch die Wurftauben geschossen werden, etwa den Durchmesser eines Mültonnendeckels ein. Hierdurch schaffen Patrone und Flintenlauf einen weiten und großzügigen Spielraum für kleinere Fehler beim Anschlag der Flinte.[7]

Schießt man mit einer geborgten Flinte oder mit einer Flinte, die einem offensichtlich nicht liegt – beispielsweise mit einer, die einen zu kurzen oder zu langen Schaft hat –, dann mag es berechtigt sein, die Schuld auf die Flinte zu schieben. In diesem Fall kannst du nicht darauf hoffen, dein Bestes mit einer derart schlecht liegenden Flinte zu lei-

[7] Mehr über Patronen und Schrotgrößen auf Seite 74 ff.

49

sten, genauso, wie du nicht am vorteilhaftesten in einem schlecht sitzen-
den Anzug aussehen würdest. Ich kann dir nur sagen, daß du durch
eine entsprechende Abänderung deines Griffes an der Flinte ein wenig
dazu tun kannst, dich ihr anzupassen. Es hat jedoch keinen Sinn, dir
selbst vorzuspiegeln, daß du mittels eines solchen Behelfes so gut schießen könntest wie mit einer Flinte, die dir wirklich liegt.

Du kannst auch vorbeischießen, weil du die falsche Kleidung trägst.
Wattenjäger, und ich kann dies durchaus verstehen, pflegen sich gegen
die nassen und eisigen Winde für ihren Anstand so dick wie möglich
anzuziehen. Schwere Kleidung hindert jedoch ein sauberes und ge-
wandtes Schießen. Ein Wattenjäger sollte gemeinhin beim Morgen-
und Abendeinfall eine Flinte benutzen, die einen 7 mm bis 13 mm kürzeren Schaft hat als die Flinte, die er zum Beispiel bei dem Fasanen-
Schießen in Rüben und Stoppeln führt. Für die Jagd im Binnenlande
ist die beste Kleidung diejenige, die du schon jahrelang getragen hast.

Robert Churchill glaubte, daß alle Jagdkleidung lose sitzen müßte.
Sein Ideal war die Jacke mit Raglanschnitt, deren Ärmel sich wie
Flügel unter der Achsehöhle zusammenfalten. Er bestand darauf –
und ich stimme ihm darin zu – daß ein Mann, der schießt, keine Hosenträger tragen sollte. Ganz abgesehen davon, daß die Hosenträger-
schnalle oft falsch, d. h. genau an der Stelle sitzt, an der die Flinte an
der Schulter angeschlagen wird, sind Hosenträger ein Anzugteil, der
die freie Bewegung des Rumpfes einschränkt. Zum Schießen mußt du
das Gefühl haben, daß sich deine Schulterblätter und deine Taille so
frei bewegen können als wärest du nackend.

Nach vorheriger Betonung der Wichtigkeit des Drills habe ich dir
bisher die Gründe angegeben, *warum du vorbeischießt.* Jetzt will ich
dir erklären, wodurch *du vorbeischießt,* und dabei will ich dir eine
Methode zeigen, durch die du lernen kannst, deine Fehler zu verbessern.
Du brauchst dazu zwei Freunde als Helfer. Wenn das Trapschießen
auf Wurftauben dir zu teuer ist, so laß durch den einen Freund als aus-
gezeichnete Übungsmittel vom Erdboden aus leere Bier- oder Konser-
vendosen mit Hilfe von Platzpatronen schleudern. Die Würfe können
auch von einem geeigneten hohen Stand aus erfolgen, oder du kannst
dir auch ein Katapult mit einem starken Gummiband konstruieren.
Wie du es auch anstellst, der Zweck ist der, ein sich bewegendes Ziel,
ganz gleich welches, gegen den Himmel zu zeigen. Der zweite Freund
muß als Beobachter hinter dir stehen.

Es ist die Aufgabe des Beobachters, auf die Schrote in der Luft zu achten. Sei nicht überrascht, falls dein Beobachter dich zweifelnd ansehen sollte, wenn du ihm diesen Vorschlag machst. Denen, die es noch nicht versucht haben, erscheint vielleicht der Gedanke, eine Schrotladung in der Luft sehen zu können, so töricht, als mute man ihnen zu, Märchen zu glauben. Hat man aber erst einmal den Trick heraus, wohin und wonach man zu diesem Zweck blicken soll, dann bekommt das nach einiger Übung jedermann mit durchschnittlicher Sehschärfe fertig. Es ist das Berufsgeheimnis professioneller Schießlehrer. Sie können *sehen*, wohin du schießt.

Während des Krieges war es für die Bedienung einer Haubitze ganz alltäglich, die Bahn einer Granate, die durch die Luft flog, zu beobachten. Die Granate aus einer Haubitze ist zwar ein großer Gegenstand, aber die Fluggeschwindigkeit ist nicht viel größer als die einer Schrotgarbe. Um sie sehen zu lernen, muß nur der Faktor des persönlichen Unglaubens ausgeschaltet werden. Der Beobachter kann, sofern er die Überzeugung gewinnt, dazu fähig sein.

Bilde dir nicht ein, daß jemand einen Schwarm von einzelnen Schrotkörnern sehen könnte. Was der Beobachter sehen *wird*, ist eine gewisse „Strömung der Luft". Bei gedämpftem Licht ist es sogar möglich, das Phänomen wie einen explodierenden Luftballon mit dem Auge festzuhalten.

Der Schütze selbst kann die fliegende Schrotgarbe nicht erkennen. Der Grund liegt darin, daß unsere Patronen, obwohl wir sie als „rauchlos" bezeichnen, schwache Rauchschwaden und Feuer ausstoßen. Wenn du an einem windstillen Tage in schwerer, stickiger Luft schießt, dann wirst du den Rauch sehen. Schießt man in der Dämmerung, so wird man die Flamme in einer Länge bis etwa 7 cm aus der Mündung herausstoßen sehen. Die Mündungsflamme, der Rauch und eine heiße Gasblase von fast Apfelsinengröße sperren dem Schützen, dessen Schulter in den Kolben der Flinte geschoben ist, die Sicht.

An dieser Stelle kann ich mir vorstellen, daß ein passionierter Schütze zu der Überlegung kommt, es wäre doch sicher sehr viel einfacher, eine Leuchtspurpatrone zu benutzen, statt sich auf das von mir empfohlene Unternehmen mit zwei Helfern einzulassen. Einfacher ist in der Tat die Verwendung von Leuchtspurpatronen. Aber sie sind teuer und haben den Nachteil, daß der Schütze im kritischen Moment die Spur infolge der schirmenden Mündungsflamme und der durch den

51

Rückstoß hochgeworfenen Läufe aus den Augen verliert. Der im Augenblick gestörte Schütze glaubt dann, er habe zu tief geschossen. Gäben Leuchtspurpatronen eine sichere Antwort, wären sie weit mehr in Gebrauch. In Wirklichkeit sind sie teuer und irreführend; das schließt nicht aus, daß die meisten Schützen in die Versuchung kommen, sie gelegentlich doch einmal auszuprobieren.

Weit besser ist es, man lernt, die Schrotgarbe in der Luft zu sehen. Da du selbst nicht dazu in der Lage bist, brauchst du den Beobachter, der es für dich tut. Nebenbei bemerkt wird sich dein Schießen auch dadurch verbessern lassen, daß du selber gelegentlich die Rolle des Beobachters übernimmst und dein Freund statt deiner schießt.

Der Beobachter sollte hinter deiner rechten Schulter stehen. Seine Augenhöhe soll etwa 7 cm oberhalb der Flintenmündung liegen. Er muß die Schrotgarbe an einem Punkt in der Luft suchen, der innerhalb der Flugbahn weit vor der Flinte liegt. Wenn der Beobachter auf dich oder die Flinte achten würde, würde er nichts sehen.

Anfangs ist es manchmal nützlich, wenn der Beobachter auf einem Podest, etwa auf einer Seifenkiste, steht, um genügend Höhe zu haben. Bei zunehmender Übung ist das dann nicht mehr nötig.

Bleibt einer von euch oder seid ihr beide skeptisch, dann hilft es vielleicht, wenn ihr ein praktisches Experiment macht. Suche dir eine sichere, ebene Stelle, von der aus du im Knien auf eine doppelt ausgebreitete Zeitung größeren Formates schießen kannst. Fange bei 13,5 m Entfernung an und vergrößere die Entfernung Schuß auf Schuß bis auf 36 m. Dein Beobachter muß 30 bis 60 cm hinter deiner Schulter stehen und gerade oberhalb der Flintenmündung auf die Scheibe starren, um die fliegende Schrotgarbe mit dem Auge zu erfassen.

Tut dir die scheinbare Verschwendung von Patronen für deine Versuche leid, so bedenke, daß die gezogenen Lehren dir viele andere Patronen ersparen, die sonst auf der Jagd vergeudet würden. Aus den Schrotlöchern in den Zeitungsbögen kannst du ferner am besten ersehen, welches Trefferbild deine Flinte auf verschiedene Entfernungen liefert. Du kannst dich auch daran gewöhnen, Entfernungen richtig zu schätzen und du kannst dich überzeugen, daß sich die Schrote, wie Wasser aus der Tülle einer Gieskanne, nach dem Verlassen der Laufmündung mit jedem Meter weiter ausbreiten.[8]

[8] Der wichtigste Punkt des Entfernungsschätzens wird auf Seite 62 im Kapitel „Die jagdliche Praxis" erörtert.

Der Versuch sollte jedoch eigentlich dazu dienen, dem Beobachter beim Trainieren seiner Augen zu helfen. Konzentriert er sich, so müßte er spätestens nach fünfundzwanzig Schüssen etwas sehen können.

Vermag der Beobachter das nicht, dann leidet er vielleicht an dem, was Robert Churchill „das Zucken des Beobachters" nannte. Dies bedeutet, daß seine Aufmerksamkeit durch den Knall der Flinte abgelenkt wird. Du selbst wirst den Knall nicht bewußt bemerken (ich hoffe es wenigstens), weil du ihn mit dem Finger am Abzug erwartest. Der Beobachter aber weiß nicht genau, wann der Knall einsetzen wird, deshalb zuckt er, wenn der Knall kommt. Es wird allen Beteiligten die zeitliche Koordinierung erleichtern, wenn der Beobachter den Werfer z. B. durch ein Pfeifsignal auffordert, sein Ziel hochzuwerfen.

Veranlasse aber den Beobachter, vorübergehend seine Ohren zu verstopfen, besonders wenn der durch die Schrotgarbe hervorgerufene Luftwirbel sehr flüchtig ist. Wenn ihm später das Schießen wie ein eintöniges Geräusch vorkommt, wird er keine Ohrpfropfen mehr brauchen. Er wird es überhören wie die Radiomusik im Hintergrund.

Sobald dein Beobachter meldet, daß er beim Schießen auf Papierbögen die geisterhafte Erscheinung der Schrotgarbe als Flackern eines Schattens sehen kann, und sobald er sich davon überzeugt hat, daß die Schrotlöcher auf dem Papier mehr oder weniger dort liegen, wo er sie erwartete, dann geh zu fliegenden Zielen über.

Unter einem leuchtend blauen, wolkenlosen Himmel mag der Beobachter sich geschlagen geben müssen; er wird die Schrotgarbe auch bei einiger Übung gelegentlich nicht erkennen. Unter einer dichten Wolkendecke aber wird er feststellen, daß er die Schrotgarbe sehr viel deutlicher beim Schießen in Bodenhöhe sieht. Wenn ihr beide durchhaltet, dann wird er sich selbst und dich mit dem überraschen, was er sieht.

Hat es dein Beobachter erst einmal gelernt, die Schrotgarbe *zu sehen* – und hast du es, wenn er schießt und du beobachtest, gelernt, Schrot für ihn zu sehen – dann bleibt das Treffen kein Raten mehr. Bald wirst du entdecken, daß es fliegende Ziele gibt – zu Anfang langsam fliegende –, die du immer und immer wieder zu Boden bringst. Rede dir aber nicht ein, daß dies genügt.

Hat ein Schütze sein Selbstvertrauen gewonnen und wird er ein wenig übermütig, dann ist es in den Schießschulen Brauch, den Werfer zu bitten, die Wurftauben verschieden gerichtet zu schleudern. Siehst du die Tauben aus allen Richtungen, vielleicht zwei oder sogar vier Wurftauben auf einmal kommen, dann wird sich deine Leistung bald auf dein tatsächliches Vermögen reduzieren. Aber solche Proben erhöhen das Können, und dabei wird man ein ganzes Bündel neuer Schießprobleme entdecken.

Die professionellen Schießlehrer suchen nach Möglichkeit nach der Ursache des Grundfehlers, der sich dauernd wiederholt. Für sie ist der Schüler besonders schwierig zu beurteilen, der einmal so und einmal so schießt und nie denselben Fehler zweimal begeht. Meist kann man dies wechselnde Verhalten auf die Nerven schieben. Dann war stets die Grundausbildung schlecht. Bei allen anderen Arten von Fehlschüssen ist die Erklärung bei der Hand, sobald du weißt, wo du vorbeischießt. Nachdem du einige Zeit mit einem Beobachter geschossen hast, wird er dir sagen können, warum und wo du vorbeigeschossen hast. Mit wachsender Erfahrung wirst du ihn bitten können, es dir nicht eher zu sagen, bevor du nicht selbst taxiert hast, was du falsch gemacht hast. Weißt du erst einmal, welche Fehler du begehst, dann brauchst du dir nur noch wenig Sorgen darüber zu machen, wie du dich korrigieren kannst, wenn du nicht in Form bist.

Du wirst dich sagen hören: „Ich habe hinter dem Ziel vorbeigeschossen, weil ich mit der Flinte stocherte und mir zuviel Mühe gab." „Ich hatte mein Gleichgewicht verloren und fiel fast hintenüber, als ich den Fasan noch erwischen wollte." „Ich schoß das Rebhuhn zur Rechten vorbei, weil es eine Kurve flog." Zum Ausgleich wirst du den herrlichen Augenblick erleben, in dem du schon beim Anschlag weißt, daß du das Ziel triffst.

Jeder Schütze hat ein bestimmtes, vom Temperament beeinflußtes Verhalten, das nur bei persönlicher Schulung durch den Schießlehrer geändert werden kann. Wenn dein Beobachter nur sagt: „der Schuß lag links" oder „der Schuß lag viele Meter hinter dem Hahn", dann kann zunächst nur verallgemeinernd darüber nachgedacht werden, welcher Fehler begangen wurde. Aber auch das hilft dir schon.

● *Du schießt hinten vorbei.*

Gründe für den Fehler sind z. B.: Du unterbrichst den Zielvorgang und zielst zum zweiten Male; du drückst zu spät ab; du versuchst, den Vogel oder den Hasen dadurch zu treffen, daß du in den Luftraum

davor zielst; du überlegst, statt dem selbständigen Handeln deiner
Augen und der Bewegung deines Körpers zu vertrauen, dich an ihrer
Stelle unfehlbar auf das Ziel bringen zu wollen. *Du mußt mit deinem
Körper und nicht mit deiner Flinte zielen.*

Hast du Schwierigkeiten, so entschließe dich, nicht auf das Ziel als
ganzes, sondern auf einen besonderen Teil des Zieles zu schießen. Es
kommt nicht darauf an, ob du Schnabel, Schwinge, Ständer oder Stoß
wählst, sofern du dich nur mit den Augen daran festsaugst, worauf du
schießt. Die Schrotgarbe wird von sich aus alles decken. Ausschlaggebend ist allein, daß deine Augen nie das Ziel verlassen.

Passe das Anschlagen deiner Flinte zeitlich so ab, daß es unmittelbar
vor dem Augenblick geschieht, in dem der Schuß am leichtesten erscheint. Ist die Flinte derart zeitgerecht angeschlagen, löse den Schuß
aus und schwinge dabei von hinten durch das Ziel hindurch, sobald es
schußgerecht kommt. Gute Schützen schießen ihr Wild zehn Meter früher als Durchschnitsschützen.

● *Du schießt Flugwild nach rechts oder links vorbei.*

Einem Rechtsschützen fällt es normalerweise leichter, einen Querreiter
von rechts nach links zu treffen als einen, der sich von links nach rechts
bewegt. Der Grund ist ganz einfach der, daß die Körperbewegung
beim Schuß auf den Querreiter von rechts nach links von Natur aus
leichter fällt. In umgekehrter Richtung den Körper zu bewegen und
mitzuschwingen ist schwieriger. Bei einem Schuß auf den Querreiter
von rechts nach links brauchst du dir also nicht übermäßig viel Mühe
zu geben. Wenn du den Körper mit der Flinte richtig bewegst, ist der
Schuß so leicht wie der auf anstreichendes Flugwild. Verhärte aber
deinen Entschluß, wenn der Schuß einem Querreiter von links nach
rechts gilt. Das wird sich dann dahin auswirken, daß du schneller mit
der Flinte durchschwingst. Denke nicht darüber nach. Beiße nur die
Zähne zusammen, und laß den Schuß fliegen. Verlaß dich darauf, daß
deine Augen die Flinte mitnehmen. Zwingst du dich beim Schuß von
links nach rechts, die Flinte um einen Bruchteil schneller anzuschlagen
und den Körper und die Flinte mit aller Energie zu schwingen, dann
wirst du Herr der Situation sein und treffen.

● *Du schießt über Kopf nach hinten vorbei.*

Dieser Fehler ist fast sicher die Folge schlechter Fußarbeit. Schützen, die nach vorn vorbeischießen, gelingen oft die spektakulärsten Treffer nach hinten. Sie treffen, weil sie schnell handeln müssen und sich deshalb erst gar nicht die Zeit nehmen können, nachzudenken. In halber Verzweiflung schwingen sie sauber mit und treffen. Man tut an sich viel besser daran, nach vorn zu schießen, weit nach vorn. Du kannst hierfür aus den Glückstreffern nach hinten lernen. Schießt du auch dabei vorbei, dann studiere die Grundausbildung bezüglich der Fußhaltung.

● *Du schießt auf Haarwild vorbei.*

Du schießt viel zu sehr aufgerichtet. Dein ganzes Gewicht sollte nach vorwärts auf deine Beine gekantet sein, damit du auf den Löffeln deines Zieles abkommst, wenn der Kolben der Flinte und die Schulter sich berühren.

● *Du schießt nach vorn vorbei.*

Ein seltener Fehler beim Schuß auf von vorn kommendes Flugwild, insbesondere, wenn er sich häufig wiederholt. Möglicherweise ist der Schaft deiner Flinte viel zu kurz für dich, so daß die Läufe schon in die Höhe zeigen, ehe du deinen Anschlag vollendet hast.

● *Du schießt nur ganz knapp nach rechts oder links auf ein von vorn oder von hinten kommendes Ziel vorbei.*

Wahrscheinlich ist die Flinte je nach der Seite des Fehlers entweder zu stark oder zu schwach seitlich geschränkt. Es kann auch sein, daß du die Läufe beim Anschlag verkantest. Achte darauf, daß du sie beim Anschlag der Seite nach waagerecht anhebst. Liegt es nicht an diesem Fehler, dann muß deine Flinte mit richtiger Schränkung umgeschäftet werden.

● *Du schießt zu tief.*

Möglicherweise hebst du den Kolben früher als die Läufe hoch, oder der Kolben könnte zu kurz für dich sein. Im letzteren Fall kann ein veränderter Griff der Hand helfen. Probiere deshalb, die Hand am Vorderschaft vorzuverlegen. Ein Handschutz, den du über die Läufe schieben kannst, wird dabei von Vorteil sein. Am besten tust du aber daran, den Kolben verlängern zu lassen, was nur durch einen Fachmann geschehen kann.

● *Du schießt zu hoch.*

Ein seltener Fehler, ebenso wie der Fehlschuß nach vorn. Er unterläuft vornehmlich, wenn auf Flugwild nach rechts oder links geschossen wird. Ursache hierfür ist, daß du das Gleichgewicht verloren oder die Flinte beim Aufwärtsheben mit den Läufen zu hoch geworfen hast. Ferner wirst du das Auge nicht auf das Wild gerichtet haben. Schließlich kann der Fehlschuß auch dadurch veranlaßt worden sein, daß der Kolben der Flinte bei ihrem Anschlag nicht in genügende Höhe der Schulter gelangte.

Ob du zur Übung auf Wurftauben oder auf leere Blechdosen schießt, und magst du noch so geübt darin sein, es bleibt trotzdem ein weltweiter Unterschied zwischen diesem „kalten" Schießen und dem Schießen im Eifer der Jagd.

Im ersten Fall kannst du mit einem Ziel rechnen, das schnell startet, allmählich langsamer wird, schließlich in der Bewegung zögert und am Ende zu Boden fällt. Wild startet jedoch langsam und steigert seine Geschwindigkeit. Es ist unberechenbar in seinem Verhalten. In der jagdlichen Praxis wirst du deshalb Situationen gegenüberstehen, die überraschen und oftmals nicht vorherzusehen sind.

8. Kapitel
Die jagdliche Praxis

Nach den unentbehrlichen Vorbereitungen des exerziermäßigen Übens und des Schießens auf leblose Ziele wird man sich in der jagdlichen Praxis auf folgendes einzurichten haben:

1. Eine ständige, aber nicht verkrampfte Bereitschaft.
2. Das Schätzen von Entfernungen.
3. Das Überwinden der Neigung, sich bei dem notwendigen Schuß zuviel Mühe geben zu wollen.

Vom Schuß auf den anstreichenden Fasan bis zum Ansitz auf einfallende Tauben wird man nichts Vernünftiges leisten, wenn man nicht innerlich *gesammelt* ist. Sich selber zu kennen und seine Impulse zu beherrschen und seine Fehler einzusehen, bedeutet, über drei Viertel der Schulung im jagdlichen Schießen Bescheid zu wissen.

● *Bereitschaft.*

Mangel an Bereitschaft ist beim Schießen kein Laster. Bei Ballspielen und bei allen Sportarten, dem Sportangeln vielleicht ausgenommen, ist Eifer eine Tugend. Beim Schießen ist Übereifer aber oft tadelnswert und kann leicht zu einer bedenklichen oder gar gefährlichen Angewohnheit werden. Ich erinnere mich daran, auf einer Fasanenjagd neben einem berühmten Kricketspieler gestanden zu haben; jedesmal wenn ein Hahn in Sicht kam, schwang er seine Flinte so schnell, als hätte er den Kricketschläger in der Hand. Er gefährdete niemanden; aber er nahm seinen Nachbarschützen zu beiden Seiten ihre Chancen, zum Schuß zu kommen. Es ist aber die Regel, den Nachbarschützen allein schon aus Höflichkeit den Schuß zu überlassen, wenn das Wild einem selber etwas zu weit kommt – es sei denn, man hätte es vorher anders abgesprochen.

Bereitschaft bedeutet auch nicht, bei einer Gesellschaftsjagd der einzige Schütze mit geladener Flinte zu sein, während alle anderen Jäger entladen haben. Denke an den Fall des Unglücklichen, der so eifrig war, eine gespannte und geladene Flinte auf den Rücksitz seines Kraftwagens zu legen. Es gibt einen grundlegenden Unterschied zwischen Bereitschaft und Übereifer. Nimm es nicht schwer, wenn du gelegentlich vorbeischießt, weil deine Flinte nicht entsichert war. Nimm es nicht schwer, daß du eine Chance verpaßt hast, weil du beim Wiederladen ungeschickt gewesen bist. Schäme dich nie, daß deine Flinte ungeladen war, wenn einem anderen Jäger beim Gang von einem Stand zum anderen ein spektakulärer Treffer gelang. Sicherheit geht über alles – und es gibt immer noch genug Wild und einen anderen Tag. Ist das Treiben aber erst im Gang, dann kannst du eine Menge tun, deine Leistung zu verbessern.

Hier ist an erster Stelle darauf hinzuweisen, daß der Sicherungsschieber erst dann nach vorn in die entsicherte Lage geschoben werden darf, wenn die Flinte zum Schuß an die Schulter kommt. Das ist jedenfalls der klassische Stil. Dennoch habe ich auf der Jagd nur wenige Schützen getroffen, die das gewohnheitsgemäß taten. Die meisten mir bekannten Jäger geben sich die größte Mühe, ihre Flinte so zu halten, daß sie gegen die Möglichkeit eines zufälligen Abfeuerns geschützt sind. Jedoch ziehen sie es vor, sie schon vorher zu entsichern, um für die Chance eines Schusses bereit zu sein.

Trägst du deine Waffe, so tust du weit besser daran, die Patronen aus den Läufen zu nehmen und die Flinte mit im Verschluß abgekippten Läufen leer zu tragen, sofern du nicht auf einen Schuß wartest. Trägst du aber vor einer Gelegenheit zum Schuß die Flinte geladen und gesichert, dann entsichere erst, wenn du angesichts von Wild die Haltung „fertig zum Schuß" einnimmst. Bis zum Augenblick des Schusses schützt du die Abzüge mit dem über den Abzugbügel ausgestreckten Zeigefinger.

Die meisten Schüsse werden nicht deswegen verpaßt, weil die Flinte nicht entsichert war, sondern weil nur wenige Jäger sich die Mühe geben, schnell zu laden. Kommt dir in einer „heißen" Ecke massenhaft Wild, dann ist das schnelle Laden eine unumgängliche Fertigkeit, deren Übung durchaus lohnend ist.

59

Achte zuerst darauf, die Flinte richtig zu öffnen. Um den Oberhebel
zu lösen, sollte der Zeigefinger gekrümmt um die rechte Schloßplatte
gelegt sein. Mit dem Daumen am Hebel, drückt man sowohl gegen die
Schloßplatte wie den Hebel *gleichzeitig*. Der Druck wird genügen, auch
einen schwergängigen Hebel zu bewegen.

Halte alsdann den Kolben mit etwas rechts seitlich verkanteten
Läufen unter deinem Arm, um die Läufe im Verschlußgehäuse abzukippen. Die Haltung verstärkt die Hebelwirkung des Körpers zusätzlich und verhilft dazu, die Flinte leicht und geschmeidig zu öffnen.
Drücke zu diesem Zweck die Läufe mit deiner linken Hand hinunter,
während der Kolben noch zwischen deiner rechten Seite und deinem
rechten Unterarm eingeklemmt ist. Versuche nicht, für das Aufklappen
der Flinte die rechte Hand zu benutzen. Diese muß jetzt, nachdem sie
den Oberhebel losgelassen hat, bei Verwendung einer Flinte mit Ejektor nach den für das Laden erforderlichen Patronen greifen. Die Patronen stecken, je nach Gewohnheit, in der rechten Tasche der Beklei-
dung oder in einem Patronengurt, in der Jagdtasche oder in einem
Patronenbeutel.

Erfolgt die Handhabung richtig, dann werden die Läufe in einem
Winkel von etwa 45 Grad zum Kolben unter den Arm abkippen. Der
Ejektor der leicht seitlich gedrehten Flinte wird die leeren Patronen-
hülsen nach rechts und nicht über die eigene Schulter auswerfen.

Ganz gleich, ob du deine Patronen in einem Beutel oder in der
Tasche trägst, schüttele Beutel wie Tasche kräftig vor dem Schießen.
Dadurch wird das Gewicht der sich im vorderen Patronenteil befind-
lichen Schrote die Patronen „Kopf stehen" lassen. Sie befinden sich
dann in einer günstigen Lage, aus der sie von den Fingern leicht und
damit schnell am richtigen Ende erfaßt werden können. Wird ein Pa-
tronengürtel benutzt, so ragen aus diesem die zu erfassenden Patronen-
böden ohnehin heraus.

Wurde nur ein Schuß abgefeuert, so geht das Wiederladen eines
Patronenlagers einer Doppelflinte schnell. Schwieriger wird es, wenn
beide Läufe abgefeuert worden sind. Es ist eine Tatsache, daß die meisten Jäger dann eine zeitraubende Doppelarbeit tun, indem sie die
beiden Läufe einzeln wiederladen. Wenn es nicht eilt, kommt es natürlich nicht darauf an. Es empfiehlt sich jedoch, auf der Jagd stets an-
zunehmen, die beste Chance des Tages werde sich in dem Augenblick
ergeben, in dem man am wenigsten darauf vorbereitet ist.

Man kommt viel weiter damit, schnell und mit Bedacht zu laden, als überhastet nach Patronen zu greifen. Ich kannte früher einen ausgezeichneten Schützen in Norfolk, der eine geradezu vollendete Genauigkeit beim Nachladen erlangt hatte. Auf der Jagd hielt er beim Schießen eine dritte Patrone an der metallenen Bodenkappe zwischen Zeigefinger und Mittelfinger der rechten Hand. Hatte er beim Treiben zwei Hühner aus einem Volk nach vorn geschossen, so konnte er damit rechnen, noch Zeit zum Wiederladen eines Laufes mit dieser Reservepatrone zu haben und damit ein drittes Huhn nach hinten zu schießen. Er hat das oft genug geschafft.

Wenn es den meisten von uns auch nicht möglich ist, eine solche Perfektion beim Laden zu erreichen, so ist es doch sinnvoll, sie anzustreben. Die Kunst, Patronen sozusagen wie Öl in die Patronenlager einer Flinte fließen zu lassen, ist ein unentbehrliches Hilfsmittel für ein ruhiges und nicht überhastetes Schießen.

Versuche dies: Wenn du deine Flinte geöffnet hast, muß deine rechte Hand sich nach frischen Patronen ausstrecken. Hast du sie vorher geschüttelt, so sind sie mit dem Patronenboden nach oben für die tastenden Finger leicht erreichbar. Ergreife zwei Patronen übereinander wie beim Laden einer Bockflinte und sorge beim Ergreifen durch eine Fingerbewegung dafür, daß die untere Patrone etwa zwei Zentimeter weiter aus der Hand hervorragt als die obere. Stecke die Spitze der unteren Patrone in den rechten Lauf, aber laß sie nicht los. Benutze sie als Achse und drehe die Hand so herum, daß die andere Patrone vor dem linken Lauf steht. Dann laß sie beide los und in die Patronenlager gleiten.

Auf dem Papier scheint dies ein schwieriger Vorgang zu sein. Gib dir aber Mühe, die Drehung zu erlernen, dann wirst du eine erstaunliche Fertigkeit im schnellen Nachladen erwerben.

Laß aber Schnelligkeit nicht vor Sicherheit gehen. Es besteht immer die Gefahr, nach dem Einführen der Patronen die Läufe gegen den Kolben in das Verschlußgehäuse zu klappen statt den Kolben gegen die Läufe. Denke daran, daß der Flintenkolben unter der Achsel steckte, als du die leeren Patronenhülsen auswarfst. Laß den Kolben dort. Schließe die Flinte, indem die rechte Hand den Kolben aufwärts zieht, und beuge deinen Körper dabei leicht vor. Manche Jäger lieben es auch, den Kolben mit dem Unterarm anzuheben, um die Flinte zu schließen. Erprobe, welche Art dir am besten zur Hand steht.

Die jagdliche Praxis

● *Ganz gleich, welchen Stil du persönlich bevorzugst, du handelst richtig, wenn die Mündung deiner Flinte beim Wiederladen auf den Boden gerichtet bleibt!*

● *Das Schätzen von Schußentfernungen*

Du wirst es bei Schüssen auf Wild gegen den Himmel öfter vorziehen, eine Chance im sicheren Wirkungsbereich deiner Flinte auszulassen als einen Schuß zu wagen, der eventuell über die Leistungsfähigkeit deiner Waffe hinauszugehen scheint. Selbstverständlich mußt du in der Entfernung Zurückhaltung walten lassen, wenn zum Beispiel am Strand auf niedrig streichendes Wasserwild oder im Feld auf Hasen geschossen wird. Doch darüber soll erst an dem Ende dieses Abschnittes gesprochen werden.

Beim Flintenschießen auf hoch streichendes Flugwild besteht aber der verbreitetste Fehler darin, die Höhe zu überschätzen. Wird eine Taube, ein Fasan oder ein Huhn in voller Größe sichtbar, dann ist es völlig unwahrscheinlich, daß das Wild außer Schußweite ist. Die Tatsache, daß du *glaubst*, es sei zu hoch oder zu weit entfernt, ist vermutlich der Grund dafür, das Zielen zunächst zu unterbrechen, danach zum zweiten Male ins Ziel zu gehen und nun vorbeizuschießen.

Auf der Erde haben die meisten von uns eine Vorstellung von Entfernungen. Sie kann die Länge eines Tennisplatzes oder eines Kleinkaliberschießstandes oder irgendeiner sonst vertrauten Strecke haben. Gegen den Himmel ist die Entfernung aber viel schwieriger zu schätzen. Tauben, die in Wolkenhöhe zu fliegen scheinen, sind oft in durchaus erreichbarer Schußentfernung. Jäger beglückwünschen sich immer und immer wieder gegenseitig zu Schüssen, die in Wirklichkeit nie außer dem Bereich ihrer Flinte lagen.

Der wirksame Schußbereich der üblichen Flinten liegt, je nach der Bohrung ihrer Läufe und der verwendeten Schrotgröße beziehungsweise auch Wildart, zwischen 35 und 50 m. Es mag überraschen, ist aber wahr, daß das meiste in der Höhe kommende Flugwild auf eine Entfernung von etwa 16 m erlegt wird. Eine Erlegung auf 27 m ist ein Ausnahmefall. Als Beweis diene: In England sind Eichen und Ulmen, die hoch aussehen, im Durchschnitt selten höher als 11 oder 12 m. Das Fensterbrett im dritten Stock eines Hauses liegt durchschnittlich nur sieben bis neun Meter über dem Boden. Wenn auch in Mitteleuropa die Bäume – bedingt durch Wachstum und Art – meist einige Meter höher sind als in England, so ändert das nichts an der Tatsache, daß auch das über diesen höheren Bäumen streichende Flugwild sich stets im wirksamen Schußbereich der üblichen Flinten befindet. Soviel über die Entfernung von Wild, das über den Wipfeln der Bäume anstreicht! Man tut gut daran, das Auge auf der Jagd ständig im Entfernungschätzen zu üben. Steht man beispielsweise 35 m von einer Baumreihe entfernt und sind die Bäume 15 m hoch, so wird die äußerste Entfernung zu dem Flugwild, das am Rande des eigenen, 60 m breiten Schußbereiches über die Bäume kommt, knapp 50 m betragen. Auch diese Entfernung wird man sehr wahrscheinlich eher über- als unterschätzen.

Ich entsinne mich, einmal einen Stand mit einem brillanten Schützen geteilt zu haben. Um zu lernen, bat ich ihn, auf jeden Hahn, der über uns kam, schneller als ich zu schießen. Er schlug mich immer wieder. Er holte die Vögel zehn Meter früher herunter als sie meiner Schätzung nach im Schußbereich waren. Er war einer der Schützen, die auf jeder Jagd willkommen sind. Unwillkommen sind die Schützen, die das Wild auf nahe Entfernung in Fetzen schießen.

Robert Churchill liebte den Ausspruch, die Zeit für den Schuß sei gekommen, wenn der Vogel „groß genug zum Essen aussieht". Bei guten Lichtverhältnissen gilt für viele Jäger die Regel, dann abzudrücken, wenn der weiße Fleck auf dem Hals einer Ringeltaube, die Augen eines anstreichenden Rebhuhns oder das Schillern der Färbung eines Fasanes erkennbar werden. In Erwartung einer Chance für den Schuß gewöhnt man sich am besten an, instinktiv die Entfernung zwischen dem eigenen Stand und einer Hecke, einem Zaun oder einem Strohschober zu schätzen. Man prägt sich ein, daß ein freistehender Baum selten höher als 20 Meter ist. Wenn man glaubt, einen sehr weiten Schuß am Boden abgegeben zu haben, dann schreite man die wirkliche Entfernung ab und wird überrascht, wie häufig geschätzte 40 Meter in Wirklichkeit 20 Meter und weniger sind.

Ein Schirm für die Taubenjagd ist die ideale Stelle, um sich an das Schätzen von Entfernungen zu gewöhnen. Man steht auf einem festgelegten Punkt, und man wird vermutlich nach allen Richtungen hin schießen. Dabei ergibt sich die Gelegenheit, die dem Anlocken von Tauben dienenden Attrappen auf bestimmte Entfernungen auszulegen.

Auf der Jagd auf sonstiges Niederwild ist das einzige Wild, das man wahrscheinlich für näher hält, als es sich wirklich befindet, der

Hase. Weil er das stärkste Wild in der Feldjagd ist – selbst ein abgekommener, ausgewachsener Hase ist noch doppelt so groß wie ein Kaninchen –, kann man sich bei ihm im Entfernungsschätzen beträchtlich täuschen. Theoretisch sind Hasen gewöhnlich so leicht zu schießen, daß ein einigermaßen gewandter Schütze sie nicht vorbeischießen dürfte. In Wirklichkeit werden sie immer und immer wieder vorbei- oder, schlimmer, krankgeschossen, weil die Entfernung falsch beurteilt und meistens unterschätzt wird.

● *Mache es dir zur Regel, auf einen Hasen erst zu schießen, wenn du seine großen Seher erkennen kannst.*

Der Jäger, der am ehesten auf zu weite Entfernungen schießt, ist der Wattenjäger der Küste. Er muß sich dauernd vergegenwärtigen, daß das Wasserwild, im Gegensatz zum Landwild sich häufiger *außerhalb als innerhalb des Schußbereiches* befindet. Streichende Enten und Gänse werden dauernd krankgeschossen:

1. Weil den Wattenjägern der „Drückefinger" nach einer langen Wartezeit „juckt".
2. Weil in typischen Wattenjagdgebieten Entfernungsmerkmale fehlen und deshalb jeden auftauchenden Vogel näher erscheinen lassen, als er tatsächlich ist.
3. Weil die verschiedenen Größen des Wasserwildes eine querstreichende Gans auf 60 m ebenso groß erscheinen lassen wie eine Stockente auf 12 m.

Ein Wattenjäger sollte sich, ganz abgesehen von der persönlichen Gefahr, die diese rauhe Jagd mit sich bringt, überhaupt nicht in das Watt hinauswagen, ehe er nicht die verschiedenen Arten von Wasserwild auf Grund ihrer Gestalt und ihrer charakteristischen Flugbilder erkennen kann. Die erfolgreichsten Wattenjäger sind allesamt erstklassige Naturkenner.

● *Wie der Fehler überwunden wird, sich zuviel Mühe zu geben.*

Schießt du selbst oder beobachtest die anderen Jäger, dann achte darauf, wie oft der beste Schuß am Tage der ist, mit dem ein Vogel heruntergeholt wird, der sich für einen Augenblick in einer Lücke zwischen den Ästen der Bäume zeigte. Ein solches Trefferergebnis sieht nach einer Demonstration besonderer Bereitschaft aus, aber in Wirklichkeit verhält es sich ganz anders. Der Schütze hatte lediglich keine Zeit zum

Überlegen und mußte beim ersten Zielerfassen schießen. Dabei merkt er zu seiner eigenen, großen Überraschung, wie schnell und sicher er im Ziel ist.

Vergleiche im Gegensatz dazu die Situation, in der die Schützen vor einem Rübenschlag stehen und die Gelegenheit haben, Fasanen oder Hühner auf vielleicht sechzig Meter anstreichen zu sehen, ehe sie im Schußbereich sind. Sie werden trotzdem immer und immer wieder vorbeischießen. Der Grund liegt darin, daß die Schützen *überbereit* sind. Beim Beobachten des anstreichenden Wildes gehen sie zu früh in Anschlag und überlegen zu lange, wann wohl der richtige Augenblick zum Schuß gekommen ist. Zu guter Letzt schießen sie zu spät und, infolge ihres Zögerns und des gestörten Schwingens des Körpers und der Flinte, weit hinter den Vögeln vorbei, die eigentlich mit einem leichten Schuß hätten erlegt werden können. Es erfordert große Beherrschung, sogar nur eine Taube, geschweige denn Fasanen oder ein Volk Hühner aus der Entfernung beim Anstreichen zunächst nur zu beobachten und das Anschlagen der Flinte bis zum geeigneten Zeitpunkt geduldig abzuwarten.

Viele erfahrene Jäger, die wissen, wie man die Geschwindigkeit anstreichenden Flugwildes taxiert, bedienen sich folgender Methode: Sie blicken so lange zu Boden, bis das Wild, ihrer Schätzung nach, annähernd über ihren Kopf gelangt ist. Erst dann schauen sie aufwärts und schießen auf erste Sicht. Das ist wirkliche und erfolgversprechende Bereitschaft.

Aber angenommen, man stellt fest, aus übermäßiger Besorgnis – der Untugend übermäßiger Bereitschaft – vorbeizuschießen, so gibt es verschiedene Hilfen, um diesen Fehler auszugleichen:
1. Versuche, den geeigneten Zeitpunkt dadurch abzupassen – angenommen es kommt ein Fasanenhahn über den Kopf –, daß du beim Anschlag leise und langsam sagst: „Was für ein wunderschöner Kerl du bist." Und dann schießt man in dem Moment, in dem bei jenem Vorspruch die Worte fallen „du bist".
2. Halte den Schuß zurück, bis der Hahn fast über dem Kopf ist. Wirf dann die Flinte hoch, lehnte dich rückwärts, mit dem linken Fuß auf den Zehenspitzen und deinem Gewicht sicher auf den rechten Fuß verlagert, und fasse den Hahn eben in dem Augenblick ab, in dem du ihn außer Sicht verlierst. Deine Körperhaltung soll dich dabei zwingen, beim ersten Zielerfassen zu schießen.

3. Vielleicht hilft es, so zu tun, als hättest du dich mit Absicht vom Ärger überwältigen lassen. Sage dem Vogel mit dem ganzen zur Verfügung stehenden Vokabular, was du von ihm denkst. Das hilft zuweilen, jenes zusätzliche Gefühl von Agressivität aufzubringen, das den sauberen, tödlichen Treffer nach vorn ergibt, an Stelle eines meterweiten Hinterherschießens hinter dem Ziel.

4. Nimm dir vor, den nächsten Vogel, der kommt, in die rechte oder linke Schwinge, in den Schnabel oder Hals zu schießen – es kommt gar nicht darauf an, welchen Körperteil du aussuchst – und sieh auf nichts anderes, wenn das Ziel den Wirkungsbereich der Flinte erreicht hat. Die Streuung der Schrotgarbe wird es völlig decken.

5. Wenn du einmal in schlechter Form bist, dann wirst du manchmal finden, daß du gegen Tagesmitte, nachdem du irgendwelchen Ärger „ertränkt" und dadurch überwunden hast, besser schießt als am Morgen, an dem du glaubtest, in Hochform zu sein. Das erklärt sich daraus, daß du morgens aus übermäßiger Besorgtheit und hierdurch verursachter Befangenheit vorbeigeschossen hast. Sobald du aufhörst, mit besonderer Mühe gut schießen zu wollen, setzt sich der gewohnte, erprobte Stil wieder durch. Ich habe zuweilen an mir folgendes festgestellt: Hatte ich schandbarerweise die ganze Nacht beim Kartenspiel gesessen (oder „gebechert") und schließlich Streichhölzer benötigt, um am Morgen die Augen offenzuhalten, dann habe ich oft besser geschossen als wenn ich am Tage vorher geruht hatte.

Zur Methode soll aber diese Feststellung nicht ausgebaut werden. Die Nutzanwendung der Geschichte ist lediglich, daß man bei der Jagd – wenn einem die Grundausbildung in Fleisch und Blut übergegangen ist – viel besser im Gefühl einer natürlich-lässigen Bereitschaft schießen wird als in einem erzwungenen Zustand besonderer Aufmerksamkeit.

Wohl das beste Beispiel dafür, was einem übermäßig bemühten Jäger passiert, ist das häufige Fehlschießen auf ein Volk Hühner, das vor ihm aufsteht. Solche Fehlschüsse sind insofern erstaunlich, als im Vergleich zu der viel größeren Geschwindigkeit von Wasserwild und Fasanen Hühner lediglich mit einer Stundengeschwindigkeit von 40 km fliegen. Es ist im Gegensatz zu solchen Situationen bezeichnend, daß einzeln aufstehende Hühner fast immer getroffen werden. In der Theorie sollte daher auch der Schuß auf ein Volk nicht schwieriger sein.

In der rauhen Wirklichkeit läßt das Erscheinen eines Volkes Hühner viele Schützen die Nerven verlieren. Erschreckt durch die aufschwirrende Vielzahl der Hühner, stochern die Jäger häufig mit der angeschlagenen Flinte zunächst in dem Volk herum, um ein einzelnes Ziel zu finden. Da dieses Vorhaben naturgemäß nicht glückt, feuern sie ihren Schuß schließlich ziellos in den Raum des abstreichenden Volkes. Es sind ja so viele Vögel in der Luft, daß nichts weiter nötig ist, als „in die Vollen" zu halten. Nachher sind dann die Jäger überrascht, daß alle Hühner anscheinend unversehrt ins Blaue entschwinden.

Zu erklären ist dieser Fehlschuß dadurch, daß sich der Jäger nicht sofort auf ein einzelnes Huhn konzentrierte. Man muß sich eben stets auf ein einzelnes Ziel konzentrieren, ganz gleich, wie viele in der Luft sind. Suche dir die Schwinge oder den Schnabel, aber nur eines einzigen Huhnes aus, und du wirst feststellen, daß der Schuß das Ziel voll trifft.

Siehst du die Chance für eine Dublette auf Hühner, die beispielsweise von vorn rechts und links kommen, so konzentriere dich zunächst völlig auf einen von beiden Vögeln und versuche, ihn so weit wie möglich nach vorn zu schießen. Sofern du nicht vollendet in Form bist, laß den Kolben nach dem Abfeuern des ersten Schusses von der Schulter in die halbe Ruhestellung hinuntergehen und schlage erneut auf den zweiten Vogel an. Du hast ausreichend Zeit dazu. Ein sauber treffender Schuß soll nie aufgeregt erfolgen, ganz gleich, wie schnell sich die Flinte bewegt.

Möglicherweise leistest du mehr, wenn du dich daran gewöhnst, nicht von vornherein an das Gelingen einer Dublette nach beiden Seiten zu denken.

● *Es gilt die Regel, daß du unweigerlich dazwischen schießen wirst, wenn du bewußt eine Dublette nach rechts und links zu machen suchst. Richte deine Augen jeweils nur auf ein Stück Wild.*

Unvermeidlich ist es, auf Gesellschaftsjagden andere Jäger zu beobachten. Du wirst Schützen begegnen, die den jagdlichen Vorgängen auf eine eigene Art offenbar teilnahmslos gegenüberstehen. Sie schießen gut, aber sie scheinen nichts von dem zu tun, was ich dir in diesem Leitfaden empfehle. Fragst du sie, wie sie zu ihren Leistungen kommen, sehen sie dich nur verständnislos an. Sie handeln eben beim Schießen instinktiv richtig, ohne daß das in ihrer äußeren Haltung Ausdruck findet. Auch viele Berufsjäger zeigen dieses formlose Verhalten. Sie führen die Flinte, als wäre sie ein dritter Arm. Es sieht zwar nicht gut aus, ist aber erfolgreich. Man findet diese Formlosigkeit oft bei

Jägern, die auf dem Lande aufgewachsen sind, aber ich kann sie nicht empfehlen. Es gibt geborene Schützen, die ihre Flinten unkonventionell führen können. Wir anderen aber müssen uns an die Regeln halten. Diese Regeln gelten auch für das Schießen im Sitzen, Knien oder Liegen. Immer kommt es auf den richtigen Anschlag an.

● *Du mußt es lernen, deine Flinte nur mit den Händen und Schultern zu schwingen.*

Das wird nicht gelingen, wenn du die Handhabung und den Anschlag der Flinte nicht im Stehen beherrscht. Hast du dich geduckt, dann muß sich der Körper von der Hüfte aufwärts so bewegen, als führtest du deine Flinte in aufrechter Stellung. Im Schwunge deiner Hüfte mußt du von hinten her auf den Vogel ins Ziel gehen. Sitzt du auf dem Erdboden, mußt du genauso wie im Stehen mit frei schwingenden Oberkörper das Ziel erfassen. Es ist nicht so schwer, wie sich das anhört.

Schießt du trotzdem vorbei, so liegt es dann vermutlich an deiner Kopfhaltung. Vielleicht neigt sich dein Kopf zur Flinte hinunter oder du hältst ihn zu sehr nach hinten. Wenn du zu tief schießt, dann sind deine Schultern nicht dem Vogel gefolgt. In verkrampfter Haltung mit unbeweglichen Beinen hast du vielleicht nicht genügend dafür gesorgt, daß sich Arme und Brust völlig frei bewegen können.

In einem Schirm, besonders unter Bäumen auf der Taubenjagd, wird dir gelegentlich ein Schuß auf sitzendes Wild geboten werden. Ein solcher Schuß erfordert, nachdem bisher nur der Schuß auf sich bewegende Ziele erörtert wurde, eine andere Schießmethode. Soll eine Taube von einem Baum heruntergeholt werden, so rate ich in diesem Ausnahmefall, das Ziel bewußt über das vordere Laufende der Flinte anzuvisieren. Ferner sei geraten, *auf die Ständer des Vogels zu halten.* Schießt du auf den Kopf, dann schießt du hoch vorbei.

Der Trick bei allen Schüssen auf sitzendes Wild liegt darin, mit Flinten, die den üblichen Hochschuß haben, tiefer zu halten als es notwendig erscheint. Ziele auf die Ständer von sitzendem Federwild oder auf die Läufe von sitzendem Haarwild, und richte den Schuß so auf den Boden, als wolltest du mit den Schroten die Erde unter dem Ziel hochschleudern.

Diese Regel trifft auch auf Hasen zu, die dir beim Treiben entgegenhoppeln. Ein aus der Sasse fortflüchtender Hase erfordert jedoch wieder einen anderen Schuß. Vor allem suche man zu vermeiden, den

Hasen auf die Keulen zu schießen. Richte deinen Blick zwischen die Gabelung seiner langen Löffel auf den Punkt, wo du das Korn einer Büchse in die Kimme bringen würdest. Halte lediglich deine Augen fest auf die Spitzen der Löffel gerichtet und klammere dich nicht an das Flintenkorn. Sofern du beim ersten Zielerfassen abdrückst, müßtest du deinen Hasen sauber kopfstehen lassen.

Auf der Jagd wird viel über Schießleistungen geschwatzt und geprahlt. Das meiste davon brauchst du nicht zu glauben. Nur dreimal etwa in meinem Leben habe ich gesehen, wie ein Jäger zwei Hühner nach vorn schoß, die Flinten wechselte und dann zwei Hühner nach hinten schoß. Ich glaube – bin mir aber dessen nicht ganz sicher – einmal einen Schützen erlebt zu haben, der drei Fasanen herunterholte. Persönlich habe ich keine solche Leistungen zu verzeichnen. Ich hatte einmal die Chance für eine leichte Dublette nach rechts und links auf Waldschnepfen. Der Belohnungspreis war eine Flasche Gin. In meiner Aufregung schoß ich beide vorbei: *ich gab mir zuviel Mühe.*

Lehne es ab – zumal es überhaupt belanglos ist –, ein Meisterschütze sein zu sollen. Du wirst Mitjäger sagen hören, daß sie 75 Prozent der beschossenen Fasanen erlegt hätten. Was sie dir aber verschweigen, ist die Anzahl der Patronen, die sie hierfür benötigten.

Bei allen Jagden ist der schon ein brauchbarer Schütze, der im Verhältnis zum Patronenverbrauch einen Durchschnitt von 25 Prozent Treffern erzielt. Erfahrene Schützen haben natürlich eine größere Erfolgsquote, und Könner auf diesem Gebiet verbrauchen je Stück erlegten Wildes 1,4 bis 1,5 Patronen.

Ich erinnere mich an eine Jagd, bei der wir am Ende des Tages gebeten wurden, unsere geschätzte Eigenstrecke auf ein Stück Papier zu schreiben. Der zuletzt aufgeforderte Schütze wollte sich dabei nicht beteiligen. „Wenn wir die Gesamtstrecke erfahren", meinte er, „dann wette ich, daß ich euch übrigen noch fünfzehn Vögel schuldig bin." Er war der beste Schütze unter uns, und tatsächlich, er hatte recht, als die Gesamtstrecke genannt wurde.

Jäger, die mit ihrer Schießkunst renommieren, sind selten die besten Schützen. Rede nie über deine eigene Leistung, wie sehr du auch selbst mit ihr zufrieden sein magst; und rechne nicht das Wild zu deiner Strecke, von dem du nur glaubst, es getroffen zu haben. Die anderen Jäger schießen auch nicht ständig vorbei.

9. Kapitel
Du mußt wissen,
was du nicht tust

Ich zöge es vor, dies Kapitel auszulassen, weil ich dich durch diesen Leitfaden einzig und allein dazu bringen will zu treffen. Leider aber wirst du immer wieder mit Jägern zusammenkommen, die dich mit Phantasien verleiten, auf diese oder auf jene Art auf flüchtiges Wild vorzuhalten. Du wirst den jemanden kennenlernen, der meint, er hätte auf eine Kette Gänse meterweit vorgehalten und trotzdem erst die dritte heruntergeholt. Du wirst sogar zu hören bekommen, hohe Fasanen hole man am besten dadurch herunter, daß man zu schießen beginne, noch ehe sie zu sehen sind. Mit Vorliebe wird dir geraten werden, du hättest bei jener von dir gefehlten Taube so und so viele Meter vorhalten müssen.

Wir wollen damit beginnen, die Theorie eines bestimmten Vorhaltemaßes, also eines berechneten statt instinktiven Zielens, zu widerlegen. Ballistiker haben die hierfür erforderlichen Zahlen berechnet.

Die Flugzeiten, die Schrote einer normalen Patrone Kal. 12 für bestimmte Entfernungen benötigen, sind bekannt. Die durchschnittliche Fluggeschwindigkeit eines Fasanes in voller Fahrt beträgt 64 Stundenkilometer. Hiervon ausgehend, kann berechnet werden, daß die für das richtige Vorhalten erforderliche Bewegung der Flintenmündung folgendes Ausmaß einnimmt: 3,75 cm (1,5 Zoll) auf 18,28 m (20 yards), 4,1 cm (1⁵/₈ Zoll) auf 27,43 m (30 yards), 4,4 cm (1³/₄ Zoll) auf 36,57 m (40 yards). Ein langsamer Vogel erfordert nur etwa die halbe Vorbewegung der Flintenmündung wie ein schneller Vogel. Langsame Flugziele benötigen auf 18,30 m (20 yards) nur etwa 40 Prozent der

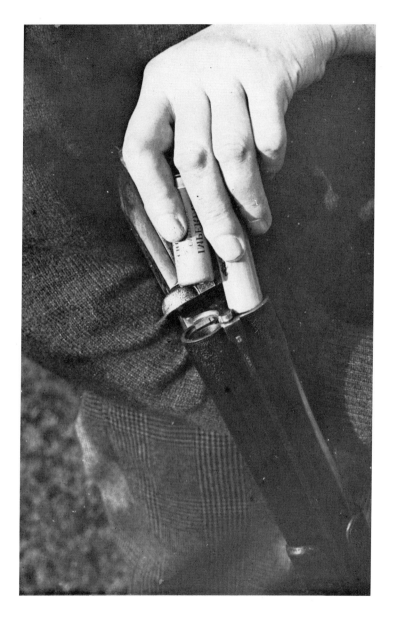

Die Über- und Untereinander-Methode, um Patronen für ein
schnelles Laden der Läufe zu halten (vgl. S. 61).

Der Augenblick des Abdrückens: Für Flugwild zur Rechten (1) stützt sich der Körper auf das rechte Bein. Der linke Hacken
hebt sich und die linke Fußspitze dreht
sich im Zusammenwirken mit den Bewegungen von Kopf und Schultern auf das
Ziel hin. Für Flugwild zur Linken (2) wird
das Gewicht fest auf das linke Bein verlagert. Beim Schuß auf Haarwild (3) liegt
das Gewicht auf dem linken Bein und die
Schultern beugen sich vor, um den Winkel
des Körpers zum Gewehr in der Senkrech-
ten zu verkleinern. Beim Schuß auf Haarwild von rechts (4) beugt sich der Körper
auf das rechte Bein vor. Die Drehung der
Fußspitze (5) mit vom Ziel abgeschwenk-
ten Hacken ermöglicht es dem Schützen,
bei Schüssen nach beiden Seiten einen rechten Winkel zu beherrschen und nach beendeter Bewegung wieder die Stellung „Fertig zum Schuß" einzunehmen.

Die Körperbewegung zielt die Flinte: Die
in den Photographien festgehaltenen Stel-
lungen (Bild 3 und 4) sind in Wirklichkeit

Teile eines fließenden Bewegungsablaufes. Erfolgt die Bewegung nicht in diesem Gleichklang oder wird sie beim Abdrücken des Schusses auch nur im geringsten in dem Augenblick verzögert, in dem sich die Schulter gegen den Kolben lehnt, so wird es ein Fehlschuß sein. Das erklärt sich daraus, daß durch solche Hemmung der flüssigen Bewegung des Schützen mitsamt seiner Flinte der richtige automatische Zielvorgang, den das nebenstehende Bild zeigt, gestört wird. Bei diesem automatischen Vorgang liegt der Winkel der Flintenläufe (vgl. Diagramm) vor dem Ziel, obwohl die Augen des Schützen im Zeitpunkt des Schusses auf das Ziel gerichtet sind. Wird der Kopf richtig gehalten, so ist also automatisch für das notwendige Vorhaltemaß auf ein sich bewegendes Ziel gesorgt. Jeder Versuch, die Läufe auf das Ziel zu richten oder seine Bewegung dadurch abzufangen, daß man die Läufe bewußt auf den Luftraum davor hält, ist fehlerhaft. Sauge dich mit den Augen an dem Ziel fest. Beim Schuß dürfen die Läufe nie bewußt sichtbar sein.

Die Theorie des automatischen Vorhaltens: Das Auge des Schützen sieht das Flugwild (Bild 5), aber der Winkel der Flintenläufe liegt in dem Augenblick vor dem Ziel, in dem dieses und die Läufe gleichzeitig ins Blickfeld kommen. Bei richtiger Kopfhaltung ist dadurch für das erforderliche Vorhaltemaß auf ein sich bewegendes Ziel gesorgt.

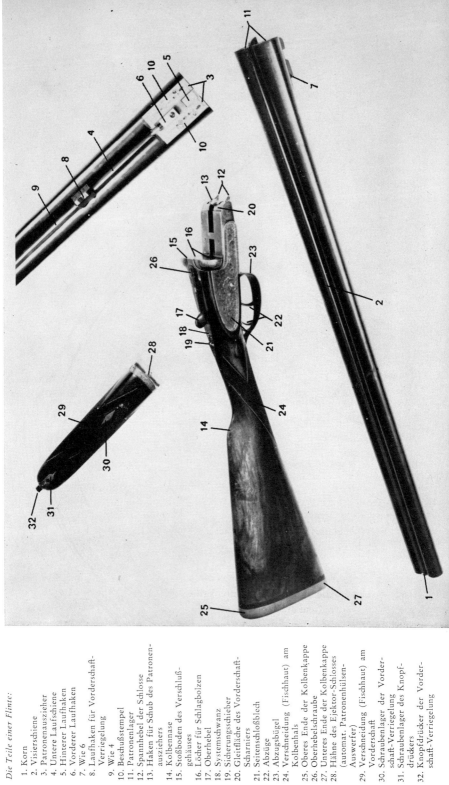

Die Teile einer Flinte:

1. Korn
2. Visierschiene
3. Patronenauszieher
4. Untere Laufschiene
5. Hinterer Laufhaken
6. Vorderer Laufhaken
7. Wie 6
8. Laufhaken für Vorderschaft-Verriegelung
9. Wie 4
10. Beschußstempel
11. Patronenlager
12. Spannhebel der Schlosse
13. Haken für Schub des Patronenausziehers
14. Kolbennase
15. Stoßboden des Verschluß-gehäuses
16. Löcher für Schlagbolzen
17. Oberhebel
18. Systemschwanz
19. Sicherungsschieber
20. Gleitfläche des Vorderschaft-Scharniers
21. Seitenschloßblech
22. Abzüge
23. Abzugsbügel
24. Verschneidung (Fischhaut) am Kolbenhals
25. Oberes Ende der Kolbenkappe
26. Oberhebelschraube
27. Unteres Ende der Kolbenkappe
28. Hähne des Ejektor-Schlosses (automat. Patronenhülsen-Auswerfer)
29. Verschneidung (Fischhaut) am Vorderschaft
30. Schraubenlager der Vorderschaft-Verriegelung
31. Schraubenlager des Knopfdrückers
32. Knopfdrücker der Vorderschaft-Verriegelung

Mündungsbewegung, die theoretisch der schnelle Vogel bei einer Entfernung von 36,60 m (40 yards) verlangt. Selbst diese Zahlen beziehen sich aber nur auf Wild, das als Querreiter im rechten Winkel kommt. Für Wild, das im Winkel von 45 Grad kommt, müssen alle Ziffern halbiert werden. Flugwild, das genau von vorn kommt, benötigt eine noch geringere Vorbewegung der Flintenmündung, sofern es nicht steil steigt. Wenn ein Vogel im Augenblick des Anschlagens der Flinte eine Kurve fliegt, nützen solche Berechnungen überhaupt nichts. Ich könnte noch weitere Zahlenaufstellungen vorlegen. Es mag genügen, daß nach diesen Berechnungen bei einer Wildgeschwindigkeit von 48 Stundenkilometern (30 m. p h) auf verschiedene Schußentfernungen die Schrotgarbe um die nachstehenden Vorhaltemaße vor quer kommendes Wild gesetzt werden müßte:

75 cm (2¹/₂ Fuß) auf 18,28 m (20 yards)
120 cm (4 Fuß) auf 27,43 m (30 yards)
180 cm (6 Fuß) auf 36,57 m (40 yards)

Diese Ziffern sind natürlich von der Flintenmündung ausgehend berechnet. Der Schütze hinter der Flinte muß noch zusätzlich persönliche Faktoren, wie die von ihm zum Abdrücken benötigte Zeit berücksichtigen. Ebenso muß er die Zeit einkalkulieren, die der Mechanismus der Flinte und die Zündkapsel der Patrone erfordern, um die Pulverladung zur Entzündung zu bringen. Bewegte sich das Wild stets mit gleicher Geschwindigkeit, besäßen wir Entfernungsmesser und verlören wir nicht einen Bruchteil an Zeit, um nach beendeter mathematischer Berechnung den Abzug zu drücken, dann könnte vielleicht das Verfahren des Schießens mit berechnetem Vorhaltemaß glücken. Jedoch glaube ich, genug zum Beweise dessen gesagt zu haben, daß die Berechnung eines Vorhaltemaßes über die Fähigkeiten selbst des erfahrensten Schützen geht und daher dieser Schießmethode ein Erfolg nicht beschieden sein kann.

Jäger, die berechnete Vorhaltemaße empfehlen, erteilen damit sinnlose Ratschläge. Alle Systeme des Flintenschießens auf bewegliche Ziele, die sich auf „Vorhaltemaße" stützen, sind von Natur aus ungenau. Die guten Schützen, die solche Empfehlungen verbreiten, halten sich in der eigenen Praxis nicht an ihre Predigten: Andernfalls wären sie selber keine guten Schützen. Ehrlich gesagt, sie verstehen es nicht, in Worten auszudrücken, was sie beim Schießen wirklich tun.

71

Du brauchst dir nie über ein Vorhaltemaß den Kopf zu zerbrechen. Tatsächlich wirst du vorbeischießen, wenn du dich in der zügigen Handhabung der Flinte für Schußabgaben auf sich bewegendes Wild dadurch ablenkst, Berechnungen des Haltepunktes für den Schuß anzustellen. Auf alle Fälle wird hierdurch Energie verschwendet. Allein die Augen und das durch ständige planvolle Übung entwickelte Schießgefühl sind für einen Erfolg geeignet. Halte deine Augen auf das Ziel gerichtet, passe das Mitschwingen der Flinte automatisch der Bewegung deiner Augen an. Derart vollzieht sich die Maßarbeit des Vorhaltens von selbst.

Was hierbei geschieht, ist folgendes: Beim Schuß auf ein sich rasch bewegendes Ziel bewegen sich deine Augen schneller als das Ziel. Folglich sind auch deine Körperbewegungen schneller. Auf ein langsameres Ziel schlägst du deine Flinte bedächtiger an. Wenn du sauber schießt, dann werden deine Augen in der Tat automatisch alle die verwickelten Probleme des Abfangens des Zieles übernehmen.

Das Diagramm auf den Tafeln zwischen den Seiten 70 und 71, das einen Fasan zeigt, der von vorn über den Kopf des Schützen streicht, wird zum Verständnis der Gründe verhelfen. Deine Augen sind auf dem Vogel; in Wirklichkeit sind die Läufe deiner Flinte, weil sie schneller schwingt als das Ziel sich bewegt, in dem Augenblick vor dem Ziel, in dem die rechte Schulter sich gegen den Kolben schiebt. Zögerst du also nicht beim Abdrücken und senkst du nicht deinen Kopf, so ist automatisch für das Vorhaltemaß gesorgt.

Es ist sicher, daß das Tempo deines Anschlages und der zuversichtliche Druck am Abzug, sobald deine Schulter sich gegen den Kolben schiebt, entscheidende Begleitumstände für ein sauberes Schießen sind. So feinfühlig die Bewegung ist, so brauchst du doch nicht über das richtige Tempo für das Anheben der Flinte nachzudenken, solange du deine Augen unverwandt auf das Ziel gerichtet hältst.

● *Deine Augen und dein ausgebildetes Schießgefühl werden dir unfehlbar sagen, wann die Flinte langsam – schnell und wann sie langsam – sehr schnell angehoben werden soll.*

Wenn du vorbeischießt, so frage dich:
1. Stand ich nicht im Gleichgewicht?
2. Zögerte ich aus Mangel an Selbstvertrauen vor dem Abdrücken?
3. Irrten meine Augen von dem Ziel ab?

4. Und vor allem, folgte ich den falschen Ratschlägen derer, die anraten, man solle bewußt auf einen bestimmten Punkt in der Luft vor dem Wild vorhalten?

10. Kapitel
Patronen

Ich rate, allerdings nur mit halber Hoffnung auf Erfolg, nicht ein Patronenfanatiker zu werden; denn ich nehme an, daß du früher oder später, etwa nach einer Reihe unterlaufener und scheinbar unerklärlicher Fehlschüsse, zu den Theoretikern überlaufen wirst. Sie ereifern sich über die richtigen Schrotgrößen für das verschiedene Wild, über Mindest- und Höchstladungen und zeigen womöglich eine Vorliebe für Patronen mit mehr oder weniger Messing am Bodenteil.

In der Zeit der Vorderlader und des Erscheinens der ersten Hinterlader-Gewehre bot die Frage der Ladung ein berechtigtes Thema für die Diskussion unter Jägern. Damals schwankte die Qualität des Pulvers, das Schrot war noch zu weich oder zu hart sowie oft schlecht geformt, und man mußte die beste Ladung für die einzelnen Flinten erst mühsam ausprobieren. Ich glaube, es ist fast ein von den Ahnen überkommenes Erbe, daß sich heute noch Jäger vielfach gerne mit dem Thema der Ladung beschäftigen.

Die Ladung ist kein Problem mehr. Die moderne, handelsübliche Patrone ist in der Leistung sehr viel zuverlässiger als der vom Fließband rollende Kraftwagen. Ganz gleich, worin man persönlich den Grund für Fehlschüsse sucht, immer tut man gut daran, sich dessen zu erinnern, daß Fehlschüsse überwiegend auf Mängel in der Fußarbeit oder beim Anschlag der Flinte oder des rechten Zeitpunktes des Drükkens des Abzuges zurückzuführen sind. Die Patrone ist normalerweise gehorsam wie ein Sklave.

Der unterschiedliche Preis von Schrotpatronen ist unter anderem bedingt durch die Qualität der Hülsen und ihrer metallenen Bodenkappen. Hierdurch wird die Schußleistung der Patronen aber nicht beeinflußt. Andere Unterschiede im Preis teuerster und billigster Patronen gehen mehr oder minder zu Lasten der Güte des Zwischenmittels (Pfropfen) und des Gewichtes (Zahl) der in der Hülse enthaltenen Schrote. Nur solche Differenzen können sich auf die Schußleistung, aber auch nur auf weite Entfernungen und bei nassen oder kalten oder stürmischem Wetter auswirken. Für die durchschnittlichen Schußentfernungen der Jagdpraxis genügt im allgemeinen bei trockener, milder und ruhiger Witterung jede Patronenmarke.

Es wäre in dieser gleichmacherischen Zeit wünschenswert, daß die Pappehülsen von Schrotpatronen allmählich vom Markt verschwinden. Munition mit Plastikhülsen wird auch bereits allgemein gehandelt. Belgien hat schon vor dem Zweiten Weltkrieg Patronen mit kurzen Aluminiumhülsen mit gefaltetem Sternverschluß hergestellt. Patronen mit Papphülsen, vor allem die billigsten, können besonders für Jäger von Nachteil sein, weil sie aufquellen, wenn sie feucht werden. Es ist eine Plage, sie in diesem Zustand in die Patronenlager der Flinte zu schieben und, noch schlimmer, die Hülsen von derartigen abgefeuerten Patronen wieder herauszuziehen, wenn die Federn des Ejektors nicht kräftig genug sind oder gar ein Ejektor fehlt. Deshalb sollte jeder Jäger, und wenn auch nur um seinen Freunden im Notfall helfen zu können, einen Patronenauszieher an der Patronentasche oder am Schlüsselring mit sich führen.

Es gibt Kenner, die die verschiedenen Whiskysorten unterscheiden können. Ebenso gibt es Jagdexperten, die am Knall des Schusses und am Rückstoß eine Pulversorte von der anderen unterscheiden können. Churchill vermochte mit dem Gehör zu beurteilen, ob die Schrotladung einer Patrone langsam oder schnell war. Ich selbst, und das kann sich fast jeder aneignen, vermag zu sagen, ob ein Schuß auf Flug- oder Haarwild abgefeuert wurde, und ob es eine kurzläufige Flinte mit ihrem scharfen Knall oder eine langläufige mit deren gedämpfteren Knall war.

All diese Dinge machen zu ihrem Teil ebenfalls ein Stück jagdliche Passion aus, die ein sauberes Schießen fördert. Das theoretische Vergnügen muß aber im Rahmen seiner richtigen Bedeutung beiben. Ob du gut schießt, ist nicht vom Knall der Flinte oder von der Patrone abhängig, sondern in erster Linie von dir selbst.

Gibst du zu, daß Pulver und Schrot heute so zuverlässig sind, daß man in der Praxis nicht hierüber nachzudenken braucht, kannst du immer noch der Auffassung sein, es käme auf die Schrotgröße an. Das ist zwar in gewissem Sinne richtig, gilt aber nur für Wildarten mit extremen Unterschieden der Stärke.

Die heute gebräuchlichen Schrotgrößen bewegen sich nicht mehr zwischen Vogeldunst und Posten. Die Standardgrößen für die Jagd sind die deutschen Nummern 1, 3, 5 und 7 (4 mm, 3,5 mm, 3 mm und 2,5 mm). Der Unterschied zwischen ihnen besteht darin, daß eine Normalpatrone Kal. 12 mit einer mittleren Schrotladung von 35 g etwa 92 Schrote 4 mm, 138 Schrote 3,5 mm, 219 Schrote 3 mm und 379 Schrote 2,5 mm enthält.

Naturbedingt verfügt das dickere und somit schwerere Schrot über eine größere Aufschlagwucht. Das kleinere Schrot ergibt dagegen mit seiner größeren Anzahl von Körnern ein dichteres Trefferbild und demzufolge eine größere Zahl an Treffern auf ein Ziel.

Allgemein wird in Deutschland Schrot Nr. 3 (3,5 mm) für Füchse, Gänse und winterliche Hasen, Schrot Nr. 5 (3 mm) für Fasanen, Enten, Tauben und herbstliche Hasen, Schrot Nr. 7 (2,5 mm) für Rebhühner, Schnepfen und Bekassinen empfohlen.

Die dabei sich ergebende Schwierigkeit ist jedoch die, daß das Wild sich nicht nach dem Schrot richtet, das du bei dir hast. Bist du mit Schrot Nr. 7 (2,5 mm) auf Bekassinenjagd, stößt der Hund einen Fasanen heraus. Sitzt du abends auf einfallende Enten mit Schrot Nr. 5 (3 mm) an, kommt aus dem Schilf ein Hase angehoppelt. Und trotzdem – du bist überrascht, daß du den Fasan notfalls selbst mit Schrot Nr. 7 (2,5 mm) herunterholst oder den Hasen mit Schrot Nr. 5 (3 mm) erlegst und umgekehrt.

Die meist ausreichende Wirkung beispielsweise des 2,5-mm-Schrotes auf einen Fasan oder des 3-mm-Schrotes auf einen Hasen erklärt sich daraus, daß der Schrotschuß überwiegend durch die Vielzahl von Treffern, die das Wild erhält, wirkt und weniger durch den Durchschlag des einzelnen Schrotkorns. Daher genügen, sofern man sich in der Schußentfernung beschränkt, bei Gelegenheit auch die dünneren Schrote für das stärkere Wild, weil sie eine vermehrte Zahl Treffer in das Ziel bringen. Ebenso genügen, bei Begrenzung der Schußentfernung, auch die dickeren Schrote für das schwächere (kleinere) Wild, da sie in diesem Fall das Ziel noch ausreichend dicht eindecken. Ein Schrotkorn Nr. 7 (2,5 mm) in den Kopf wirkt eher tödlich als ein

Schrotkorn Nr. 5 (3 mm) in den Körper, obwohl die Aufschlagswucht des ersteren geringer ist.

Außerdem kommt es beim Schießen auf dem Felde oder im Wald auf Federwild selten vor, daß man weiter als auf 20 m schießt. Auf diese Entfernung ist ein Schrotkorn Nr. 7 (2,5 mm) so tödlich wie ein Schrotkorn Nr. 5 (3 mm). Bei Hasen sei allerdings Vorsicht angeraten, weil ihre Größe die Jäger dazu verleitet, sie für näher zu halten, als sie es in Wirklichkeit sind.

● *Die Moral der Geschichte: Du wirst ebensogut abschneiden wie der der dauernd an die verschiedenen Schrotgrößen denkt, wenn du von Beginn bis Ende der Schußzeit nur Schrote Nr. 7 (2,5 mm) für alles Wild bis zu mittlerer Größe im Binnenland und gelegentlich Nr. 5 (3 mm) für das stärkste Wild verwendest.*

Jagst du auf sumpfigem Gelände nur auf Bekassinen, dann schieße natürlich nur mit Schrot Nr. 7 (2,5 mm) oder Nr. 8 (2,25 mm). Bei einer Treibjagd auf Hasen schieße im Herbst mit Schrot Nr. 5 (3 mm). Du wirst aber sicher genauso viele erlegen, wenn du aus Versehen Patronen Nr. 7 (2,5 mm) einsteckst.

Ich habe betont, daß sich alle meine Bemerkungen bisher auf die Jagd im Binnenland bezogen. Sie könnten sich genauso gut auf die Wattenjagd beziehen, sofern alle Wattenjäger darauf achteten, nicht eher zu schießen, als bis die Beute einigermaßen in Schußentfernung ist. Da die Chance zum Schuß aber oft selten ist, kann die Versuchung, auf überweite Entfernungen zu schießen, leider unwiderstehlich sein.

In früheren Zeiten vergrößerten Wattenjäger ihren Schußbereich durch das Führen von wahren Kanonen im Kaliber 4 und 8. Die Zeit, die sie brauchten, um diese Ungetüme an die Schulter zu bringen und sich von dem Rückstoß zu erholen, hob jedoch jeden Vorteil der verstärkten Feuerkraft auf. Heute führt der moderne Wattenjäger eine Flinte Kal. 12 mit Vollchoke und Patronenlagern für die 70 mm oder 75 mm lange Hülse. Die beste Schrotgröße ist Nr. 5 (3 mm), bei Wildgänsen Nr. 3 (3,5 mm).

Magnumflinten mit Patronenlagern für die 75-mm-Hülse verfeuern auch Patronen mit 70 mm (2³/₄ Zoll) langen Hülsen. Diese Patronen haben eine nur um einen Bruchteil geringere Leistung und ihr Rückstoß ist bei einer schwereren Flinte (vor allem bei einer zusätzlichen Schaftkappe aus Gummi) merklich geringer. Ich kann aber in diesem

Fall die Verwendung von Patronen mit 70 mm langen Hülsen grund-sätzlich nicht empfehlen. Das Bedenkliche ist dabei, daß die Patronen mit 70 mm (2³/₄ Zoll) langen Hülsen bequem in die Patronenlager einer leichten Flinte passen, die nur für die 65-mm- (2¹/₂-Zoll-)Hülsen eingerichtet und hierfür dem Sicherheitsbeschuß unterworfen worden ist. Werden nun aber aus solchen Flinten mit nur 65 mm langen Patro-nenlagern Patronen mit 70 mm langen Hülsen verfeuert, entstehen hierdurch Steigerungen des Druckes des Schusses, die die Haltbarkeit des Gewehres überschreiten können. Ich schreibe das aus bitterer Erfahrung. Eines Tages bemerkte ich bei einem Treiben auf Hasen zu meinem Erstaunen, daß ich bei Schüs-sen einen sehr starken Rückstoß spürte. Ich glaubte, es läge an meinem Anschlag. Als ich mit einem schmerzenden Kiefer nach Hause kam und meine Flinte mit ihren 65 mm langen Patronenlager reinigen wollte, entdeckte ich, daß die Visierschiene zum Teil von den Läufen ab-gehoben worden war. Als ich die Läufe sacht am Laufhaken gegen die Seite eines Tisches schwingen und erklingen ließ, ertönte nicht, wie es eigentlich hätte sein sollen, ein glockenreiner Klang, sondern nur ein dumpfer Schall. Ich untersuchte nun meinen Patronengürtel. Er ent-hielt wohl Patronen mit Schrot Nr. 5 (3 mm), aber ich hatte einen Pa-tronengürtel mit Patronen von 70 mm (2³/₄ Zoll) langen Hülsen mit-genommen.

Glücklicherweise war die Flinte solide gebaut. Es wurde nur eine kleinere Reparatur notwendig. Aber die Lehre war heilsam.

Bist du mit einer speziellen Schrotstärke, einer speziellen Ladung und einer speziellen Flinte glücklich, dann wirst du auch besser schie-ßen. Das ist zwar unwissenschaftlich, aber psychologisch richtig.

11. Kapitel
Die Pflege der Flinte

Wie begrüßenswert wäre es, wenn man behaupten könnte, daß Jäger, die ihre Gewehre am peinlichsten pflegen, auch die besten Schützen sind. Das ist aber leider nicht der Fall. Es läßt sich nicht leugnen, daß Jäger, die überhaupt nicht auf den Zustand ihrer Waffe zu achten scheinen, zufriedenstellende Ergebnisse erreichen.

Einer der Gründe dafür ist der, daß eine gutgebaute Flinte unglaublich schlecht behandelt werden und dennoch Vorzügliches leisten kann. Der zweite, stichhaltigere Grund ist, daß seit Jahren Patronen mit rostfreiem Zündsatz eingeführt wurden. Er bewirkt, im Gegensatz zu den früheren Zündsätzen, deren chemische Schußrückstände in den Läufen Rost verursachten, derartige Schäden nicht mehr. Somit ist es insofern nur erforderlich, aus den Läufen die Verbleiungen, die die Schrote von manchen Patronen ablagern, zeitweise zu entfernen. Den hierfür eingerichteten neuartigen Reinigungsbürsten gelingt es, fast restlos die ärgerliche Verbleiung aus den Läufen zu beseitigen, anderenfalls nützen chemische Mittel (wie Solvent o. ä.).

Das rostfreie Verhalten der Zündungen der heutigen Standardpatronen konnte ich anhand eines Versuches bestätigen. Ich unternahm ihn mit einer ausdrücklich zu diesem Zweck zur Verfügung gestellten Flinte, deren Läufen ich während einer ganzen Jagdsaison in annähernd trockenem Klima den Putzstock fernhielt. Als ich schließlich die Flinte nachsah, waren die Bohrungen der Läufe fleckenlos und silberhell.

Der nichtrostende Zündsatz ist folglich ein wichtiger Fortschritt. Was er jedoch nicht ausschalten kann, ist der Einfluß der atmosphärischen Feuchtigkeit, die in der Luft enthalten ist und mit ihr in die Laufbohrungen und auch in das Schloß gelangt. Diese bei Nebel und Regen beträchtlich vorhandene Feuchtigkeit bewirkt Rost, sobald sie in Gewehrläufen niedergeschlagen ist und des längeren dort wirkt. Das gilt insbesondere für die Jagd in dem Klima der Meeresküsten, weil dort besonders feuchte Luft außerdem noch stark mit Salzen angereichert ist, die das Rosten beträchtlich begünstigen. Infolgedessen sollte unter solchen Umständen auf jeden Fall eine sorgsame Reinigung der Flinte und ihrer Laufbohrungen nach jedem Jagdtag nicht versäumt werden. Schließlich gehört auch zum richtigen Führen der Flinte die Kenntnis, wie man eine Waffe richtig reinigt. Schon das Vertrautsein mit den einzelnen Teilen der Flinte, die Gewohnheit, sie zu Hause und nicht nur bei der Jagd in die Hand zu nehmen, das Vergnügen, sie liebevoll zu pflegen, werden die Leistung beim Schießen verbessern. Du wirst mit dem Gewicht und mit der Balance der Flinte vertraut werden. Du wirst dich an dem Glanz des Schaftes aus Walnußholz und dem Schimmern des leichtgeölten Verschlußgehäuses und der Läufe erfreuen. Du wirst die letztliche Voraussetzung zu allem sauberen Schießen erfüllt haben – nämlich eins mit deiner Waffe zu werden.

Lasse den, dem das gleichgültig ist, so gut er auch schießen mag, seinen eigenen Weg gehen. Auch die Pflege der Waffe wird dich zu einem besseren Schützen machen, selbst wenn sie heute nicht mehr so notwendig ist wie früher.

In der Zeit, als es als einziges Pulver nur Schwarzpulver gab, war das Schießen ein schmutziges Geschäft. Die Jäger kamen abends mit geschwärzten Händen und Gesichtern nach Hause, und die Flinten wurden am besten dorthin gestellt, wo man sie weder sehen noch riechen konnte. Nach einer Reihe von Schüssen waren die Läufe so verrußt wie der Kopf einer alten Pfeife. Die moderne Flinte ist, oder sollte es sein, ein Schmuckstück, gegen das selbst die wählerische Frau nichts einzuwenden haben sollte. Ich hebe meine alten Flinten als Dekorationsstücke an auffallender Stelle im Hause auf. Ich sorge aber auch dafür, daß sie mir in ihrem Zustand Ehre machen.

Gewöhne es dir nach der Rückkehr von einem Jagdtage an, die Flinte auseinanderzunehmen, ganz gleich wie müde du bist. Das Reinigen kannst du einstweilen aufschieben. Du solltest es jedoch, besonders nach einem Regentag, nicht versäumen, sie im Trockenen auslüften zu lassen. Ist die Flinte noch naß, so wische sie alsbald mit einem trockenen Tuch ab. Dies ist bei allen Doppelflinten mit einer erhöhten Visierschiene besonders beiderseits derselben erforderlich; denn dort sind einige der Stellen, an denen außen der Rost sich gewöhnlich einschleicht.

Handelt es sich um eine einläufige, halbautomatische Flinte, so öffne die Kammer; das bietet bei der Versorgung einer solchen Flinte eine zusätzliche Sicherung dafür, daß die Waffe auch entladen wurde. Stelle die Flinte mit ihren Läufen aufwärts auf ein leicht zugängliches Bord und träufele einige Tropfen Waffenöl auf jede Seite der Visierschiene. Fange dabei oben am Korn an und lasse das Öl bis nach unten sickern. Dann ergreife den Kolben an seinem Hals und schüttele ihn mit dem nach unten gehaltenen Verschlußgehäuse kräftig. Befandest du dich während der Jagd in einem Regenguß, wirst du erstaunt sein, wieviel Tropfen Regenwasser du bei diesem Verfahren aus den Löchern für die Schlagstifte im Stoßboden des Verschlußgehäuses herausschütteln kannst. Stelle nunmehr den Kolben mit dem Verschlußgehäuse nach oben neben die Läufe. Danach, es bedarf nur kurze Zeit, kannst du mit gutem Gewissen dein Bad nehmen.

Während du in der Wanne sitzt, frage dich, ob du dir ganz sicher bist, die Flinte richtig auseinandergenommen zu haben. Aber ja, du hast sie in ihre drei Einzelteile zerlegt. Viel zu viele Jäger gehen mit ihren Waffen wie ein Grobschmied um.

Nebenbei bemerkt, ist es vor dem Ankauf einer gebrauchten Flinte durchaus ratsam, sich an der Unterseite der Läufe die Laufhaken anzusehen, die in die Aussparungen des Verschlußgehäuses einhaken. Stellst du fest, daß die Metallflächen angekratzt oder die Kanten wie alte Zähne angebrochen sind, so wird daraus ersichtlich, daß der Besitzer der Flinte, oder wenigstens einer der bisherigen Besitzer, ein Pfuscher gewesen ist. Du tust gut daran, dir die Waffe genauer anzusehen, ehe du sie kaufst.

Das Zusammensetzen und Auseinandernehmen einer Flinte müßte exerziermäßig geübt werden. Was tatest du beim Auseinandernehmen deiner eigenen Flinte? Ich tippe darauf, daß du zuerst den Vorderschaft abnahmst und ihn auf den Tisch neben dir legtest. Dann hast du die Läufe aus dem Verschlußgehäuse geschwenkt und alle drei Teile auf dem Tisch liegen gehabt. Habe ich recht? Das ist sämtlich falsch!

Der richtige Vorgang des Auseinandernehmens ist auf der Tafel gegenüber Seite 41 abgebildet.

Stecke die Flinte wie in der Haltung „Fertig zum Schuß" unter den rechten Arm. Danach drücke mit dem Daumen oder Zeigefinger der

linken Hand auf den Knopfdrücker der Vorderschaftverriegelung an
dem vorderen Ende des Vorderschaftes, beziehungsweise ziehe den Vor-
derschaftschnäpper, wenn ein solcher die Verriegelung betätigt, nach
unten. Hebe den Vorderschaft ab und lege ihn *vor den Haken, der zur
Verriegelung des Vorderschaftes an den Läufen angebracht ist.* Halte
den Vorderschaft weiter in dieser Lage, drücke den Oberhebel des Verschlusses mit der Spitze des rechten Daumens voll nach der Seite und
lasse ihn in dieser Stellung ruhen. Nun kippe die Läufe in einem völ-
ligen rechten Winkel vom Kolben ab und hebe sie erst dann, so vorsichtig als wären sie aus Glas, gänzlich aus dem Verschlußgehäuse.
Lege den Kolben auf den Tisch, schließe den Vorderschaft sogleich wieder an die Läufe und lege jetzt diese gleichfalls auf den Tisch.

Zum Zusammensetzen der Flinte löse die Verriegelung des Vorderschaftes und lege ihn wieder vor den an den Läufen angebrachten Ver-
riegelungshaken. Halte die Läufe senkrecht und stecke den Kolben wie
in der Haltung „Fertig zum Schuß" unter den rechten Arm. Achte darauf, daß du den Oberhebel voll herumgelegt hast, und laß danach die
Laufhaken sanft in die Aussparungen des Verschlußgehäuses gleiten.
Kippe die Läufe gegen den Kolben und nicht umgekehrt.

● *Dies ist naturgemäß das Gegenteil von dem, was bei dem Laden von
Patronen in die Läufe zu tun ist.*

Beende das Zusammensetzen der Flinte durch Anschließen und Ver-
riegeln des Vorderschaftes.

Aus welchen Gründen sollen die einzelnen Handhabungen wohl
derart vorgenommen werden? Nun – ohne den volleren Griff, den der
Vorderschaft vermittelt, sind die Läufe unbequem zu handhaben. Ohne
die Läufe ist der Kolben ein kurzer und dicker Gegenstand, dessen Gewicht einseitig verteilt ist. Halte die Läufe mit Hilfe des Vorderschaftes fest und bequem ergriffen mit der linken Hand und nutze den
Druck deines rechten Armes dazu aus, den Kolben in Position zu halten. Damit stellst du sicher, daß Läufe und Kolben beim Zusammen-
klappen im richtigen Winkel aneinandergefügt und leicht und saugend
miteinander verschlossen werden.

Versuche nicht, diesen Vorgang abzukürzen. Der Oberhebel muß
voll herumgelegt werden. Der Kolben muß fest unter deinen rechten
Arm gepreßt sein. Die Laufhaken müssen in vollem rechten Winkel in
die Aussparungen des Verschlußgehäuses eingefügt werden.

Beherrsche diesen Vorgang und du wirst feststellen, daß Freunde mit geborgten Flinten und ungenügender Kenntnis ihres Systems dich für einen Zauberer halten werden, weil du es fertig bringst, ihre eigenen Flinten für sie mit solch offenbar nachlässiger Leichtigkeit zusammenzusetzen.

● *Wiederhole: Drücke nie die Abzüge einer leeren Flinte ab.*

Beim Abstellen einer Flinte zum Zweck ihrer Aufbewahrung wird es als das Natürlichste erscheinen, die Schlagfedern zu entspannen. Büchsenschützen werden dazu angehalten. Du kannst aber eine Flinte dadurch verderben, daß die Schlagstücke, beziehungsweise Schlagbolzen gegen ein leeres Patronenlager schlagen. In Wirklichkeit stehen die Schlagfedern unter Spannung, und bei gespannten und abgespannten Schlagstücken differiert die Spannweite zwischen den Schenkeln der Schlagfedern sowohl bei gespannten als auch bei abgespannten Schlagstücken immer unter Spannung, nur differiert dabei die Spannweite zwischen den Schenkeln der Schlagfeder um nicht mehr als etwa 6 mm. Das ist für die Erhaltung der Spannkraft guter Schlagfedern belanglos, und deshalb bewahre die Flinte unbesorgt mit gespannten Schlössern auf. Wenn du eine auseinandergenommene Flinte wieder zusammensetzt, wirst du bemerken, daß sich dieser Vorgang bei gespanntem Schloß leichter durchführen läßt. Falls du nicht sehr viel einschlägige Erfahrung besitzt, wirst du bei bestimmten Flintenkonstruktionen die Laufhaken aufrauhen, wenn die Läufe gegen den Druck von gespannten Schlagfedern in das Verschlußgehäuse eingedreht werden.

Sofern die Umstände es nicht verhindern, bewahre nie eine Büchse oder eine Flinte in einem Gewehrkoffer oder einem Gewehrfutteral auf. Der Koffer ist dazu bestimmt, ein Gewehr während einer Reise diskret zu tragen. Waffen, die längere Zeit in einem Koffer aufbewahrt werden, verkommen, sofern sie nicht sehr sorgfältig „eingemottet" sind. Man bewahrt eine Flinte, selbst wenn sie dabei etwas Staub sammelt, in einem offenen Ständer auf. Ich vermag Waffenschränke nicht völlig zu empfehlen, die insbesondere in vergangener Zeit, zum Teil mit Glasfenstern, in Mode waren. Es sind ungelüftete Behälter, die nach musealen Kästen riechen. Wie ungenutzte Kraftwagen in nie geöffneten Garagen verkommen, so leiden auch Gewehre in solcher dumpfen Aufbewahrung. Sie lieben es, frei zu stehen, angesehen, gehätschelt und benutzt zu werden.

Das gründliche Reinigen der Bohrungen der Flintenläufe, das vor
Auftauchen der Patronen mit rostfreien Zündsätzen noch eine sehr
unangenehme Aufgabe war, beansprucht heute so wenig Zeit und Arbeit, daß es das kleinste der jagdlichen Probleme darstellt. Es gab Zeiten, in denen es dem Jäger anempfohlen wurde, die Läufe seiner Flinte
in regelmäßigen Abständen auszukochen. Du wurdest davor gewarnt,
eine Flinte nach der Jagd nie länger als einige Stunden stehen zu las-
sen, ohne die Läufe gründlich auszuschrubben. Heute ist der Jäger verwöhnt. Der Feind ist nur die Feuchtigkeit,
der Nebel, das Regenwasser und für den Wattenjäger das salzhaltige
Meeresklima. Bei gutem Wetter kann der Jäger im Binnenland es sich
leisten, nahezu achtlos zu sein. Sofern du deine Flinte werthältst und
persönlich auf sie stolz bist, wäre es aber eine schlechte Gewohnheit.

Zu dem, was man früher „Das Geheimnis des Büchsenmachers"
nannte, gehört, daß selbst den teuersten, handgefertigten Flinten, die
in Gewehrkoffern aus Eiche und Leder mit Messingecken und Einlage
aus grünem Filz geliefert werden, nur das allernötigste Reinigungs-
material beigegeben wird: Ein Putzstock, eine Wischbürste aus Borsten,
eine Drahtbürste und eine kleine Flasche mit Gewehröl. Einige der ele-
gantesten solcher Gewehrkoffer sind mit wunderhübschen Schrauben-
ziehern mit Ebenholzgriffen ausgerüstet, um damit die Seitenschloßbleche von Flinten lösen und abnehmen zu können. Diese Schrauben-
zieher sind eine gefährliche Versuchung, weil Seitenschloßbleche nur
durch eine erfahrene Hand entfernt werden sollten. Das ist ein weiterer
Tip beim Ankauf einer gebrauchten Flinte. Sind die Schlitze in den
Schraubenköpfen der Seitenschloßbleche verquetscht oder zeigen sie
gar einen aufgeworfenen Grat, so bedeutet das, daß sich ein Unerfah-
rener mit dem System abgegeben hat.

Wird eine Flinte gekauft und sollte sie mit Gewehrkoffer geliefert
werden, so ist es ratsam, dennoch eine geeignete komplette Ausrüstung
zum Reinigen dazuzukaufen.

Besitzt du nur eine Flinte, sc wird eine Ausrüstung in einem Käst-
chen genügen. Die Tatsache, daß du dies Buch liest, macht es jedoch
wahrscheinlich, daß du im Laufe der Jahre noch weitere Waffen erwerben wirst. Leidenschaftlich Begeisterte, denen Platz zur Verfügung
steht, verwenden gern einen eigenen Tisch zum Gewehrreinigen mit
einem kleinen Schraubstock mit Schaumgummi oder Filz zwischen den
Backen, um die Läufe beim Reinigen der Bohrungen zu halten. Per-

sönlich benutze ich eine Reihe von Putzstöcken, die wie Billardqueues nebeneinander im Ständer stehen, um nicht dauernd die verschiedenen Bürsten und Wischer auswechseln zu müssen.

Büchsenmacher benutzen in althergebrachter Ausübung ihres Gewerbes eine Strähne Werg auf einem gezackten Dorn aus Messing, der auf den Putzstock aufgeschraubt wird. Das erfordert jedoch einiges Geschick, die richtige Menge von Werg zu verwenden, damit der Putzstock nicht festklemmt. Mußt du einen Hammer nehmen – einige Schützen haben das schon getan –, um den Putzstock mit einem zu dick gewickelten Wergpolster durch die Läufe zu treiben, dann kannst du sie hierdurch leicht verderben.

Es ist ein guter Kunstgriff, die Reinigung damit zu beginnen, daß man einen Pfropfen aus Zeitungs- oder Toilettenpapier, das weich und nachgiebig ist, durch die Läufe stößt, um Rückstände zu entfernen und die Feuchtigkeit aufzusaugen. Es ist nicht unbedingt notwendig, aber zweckmäßig und wird deine andere Reinigungsausrüstung schonen.

Dann säubere die Läufe mit einer ölgetränkten Borstenbürste. Es genügt nicht, sie nur einmal durchzuschieben. Du mußt mit ihr mehrfach hin und her arbeiten, bei jedem Stoß einige 7 bis 10 cm weit. Die hintere Laufhälfte muß am gründlichsten bearbeitet werden.

Trockne die Läufe anschließend mit einem Leinenläppchen, das um das gezackte Messingstück des Wischers gewickelt wird. Zum Schluß stoße die Läufe mit einer in Öl getränkten Wischbürste aus Baumwolle durch.

Man kann die Bohrungen von Läufen auf die verschiedenste Art reinigen und konservieren. Dafür steht das verschiedenste Zubehör, mit dem du experimentieren kannst, zur Verfügung. Im Prinzip soll mal ein Öl als Säuberungs- und Konservierungsmittel verwenden, das reinigt, Feuchtigkeit an sich zieht, Chloride (Salze) unwirksam macht und vor Rost schützt. Heutzutage kann man Gewehrlauföl sogar schon in Sprühdosen kaufen. Dennoch bleibt es erforderlich, kräftig mit dem Putzstock hin und her zu fahren, dessen Wischmittel mit dem Lauföl getränkt worden ist.

Beim Reinigen der Läufe vergiß nicht, *von beiden Enden durch die Läufe zu sehen*. Achte dabei auf Verbleiungen der Laufbohrung, die sich als streifen- oder fleckenartige Niederschläge an der Laufinnenwand zeigen. Sie lagern sich hauptsächlich vor dem Patronenlager und in dem Choke der Mündungsbohrung ab und können sich, sofern sie

85

überhand nehmen, schädlich auswirken. Verbleiungen werden mit Hilfe von chemischen Mitteln beseitigt, die in Fachgeschäften käuflich sind, oder mit sogenannter Seidenstahl-Putzwolle. Sie ist über ein Wergpolster zu wickeln und mit Öl zu tränken. Drahtbürsten sollten nach Möglichkeit nicht benutzt werden, weil alle Materialien, aus denen sie hergestellt sind, die meisten nicht besonders gehärteten Laufbohrungen angreifen und sogar verschrammen.

Werden die Läufe nach erfolgter Reinigung gegen das Licht gehalten, darf man sich erst zufrieden geben, wenn nicht mehr auch nur das kleinste Fleckchen auszumachen ist.

Das Reinigen der Bohrung der Läufe bedeutet nur einen Teil des Reinigens einer Flinte. Des weiteren sind die Patronenauszieher zurückzuziehen und nebst ihrer Umgebung mit einem öligen Lappen zu reinigen. Es ist erstaunlich, wieviel Schmutz sich dort ansammelt, wenn die Säuberung nicht vorgenommen wird. Gib den Ausziehern einen Tropfen Öl, aber nur einen kleinen. Eine der besten jagdlichen Ölvorrichtungen ist der Nadelöler, der einen Tropfen Öl an einer Nadel herunterlaufen läßt, wenn gegen eine auslösende Feder gedrückt wird. Er ist sparsam und handlich, in den kleinsten Ausführungen kaum größer als ein Kugelschreiber.

Der Vorderschaft muß ein wenig Öl in alle die Teile bekommen, die zu seinem Mechanismus gehören. Ebenso öle leicht die Schlitze, aus denen die Abzüge aus dem Verschlußgehäuse ragen, desgleichen die Löcher für die Schlagstifte in dem Stoßboden des Verschlußgehäuses sowie den Sicherungsschieber. Schließlich ist es auch erforderlich, alle die Flächen des Verschlusses und der Laufgarnitur mit Öl zu versorgen, die bei der Betätigung des Verschlusses und bei dem Abwärts- und Aufwärtskippen der Läufe gleitenden Bewegungen unterliegen: Riegel des Verschlusses, Laufhaken und deren Scharnierwelle sowie Scharnier des Vorderschaftes.

Bei diesen Versorgungen der Gewehrteile sollte mit dem Schmiermittel sparsam umgegangen werden. Die Gewehrlauföle eignen sich hierfür nur sehr bedingt. Vorzuziehen sind Öle, die auf mineralischer Grundlage hergestellt sind (Knochenöl oder Paraffinöl) und solche, die zusätzlich besondere Gleitmittel enthalten. Auch diese Öle werden heute in sehr handlichen Sprühdosen geliefert. Benutzt man falsches Öl, so wird schließlich der Mechanismus gestört oder gar lehmgelegt.

Werden die Holzteile deiner Flinte mit Erde beschmutzt, was des öfteren geschehen wird, so kannst du den Schmutz ohne Beschädigung am besten mit einer alten Zahn- oder Nagelbürste entfernen. Du vermagst auch den Schaft aus Walnußholz mit gewöhnlicher Möbelpolitur oder mit einem besonderen Wachs oder speziellen Schaftöl zum Glänzen zu bringen und zu konservieren. Das lohnt sich, weil hierdurch das Schaftholz zusätzlich vor dem Verspannen infolge von Nässe bewahrt wird. Jäger, die an der Meeresküste und in den Tropen jagen, müssen besonders auf diese Einzelheiten achten. Die Seeluft und heiße, feuchte Tropenluft ruinieren die Flinten. Am besten schützt man alle äußeren Metallflächen durch einen Ölfilm. Stellst du deine Flinte nach einer Jagd in den Watten oder in einem tropischen Klima nach erfolgter Reinigung beiseite, so achte darauf, sie innerhalb der nächsten Tage noch einmal genau anzusehen. Die Folgen von warmer Feuchtigkeit und Salze sind so schwer zu beseitigen und unwirksam zu machen, wie z. B. Ratten nachhaltig aus einer Scheune zu vertreiben.

Auch wenn du deine Flinte so sorgfältig pflegst wie ich es vorgeschlagen habe, kommt doch einmal der Zeitpunkt, an dem Flinten, ebenso wie Kraftwagen, von einem Fachmann nachgesehen werden müssen. Versuche nicht, es selbst zu tun. Der Beruf des tüchtigen Büchsenmachers erfordert eine annähernd so lange Lehrzeit wie die des Arztes. Überlasse es daher dem Fachmann, das Schloß, den Abzugwiderstand und das Schlagstück neu zu richten und dich in bezug auf Rostnarben und Einbeulungen in den Läufen zu beraten. Die Kosten der Reinigung und Herrichtung sind selbst in den teuersten Gewehrgeschäften erträglich. Es ist verantwortungslos, diese Dienste nicht in Anspruch zu nehmen, wenn du dir überlegst, was eine gute Flinte kostet und welche Gefahren sie bei mangelnder Pflege enthält.

12. Kapitel
Schlußwort

Ich habe gezeigt, daß Anfänger, die den Drill des Schießens auf der Jagd nicht beherrschen, wahrscheinlich nur ihrem eigenen Kiefer wehtun oder sich andere körperliche Schmerzen zuziehen, und daß die einzige echte Gefahr nur für die besteht, die unglücklicherweise zusammen mit ihnen an der Jagd teilnehmen. Der Jäger, der das Wild krankschießt, ohne es sauber und tödlich zu treffen, ist oft der erfahrene Schütze, der aber nicht in Tagesform ist.

Der Abstand von der Schnabelspitze des Fasanes bis zum Stoßende beträgt ein paar Dutzend Zentimeter; für das Mitschwingen der Flinte bedeutet das aber nur einen Unterschied von einigen wenigen Zentimetern. Schießt der Schütze trotzdem daneben, so aus den bekannten Gründen:

1. Der Schütze versucht, zu sicher zu gehen.
2. Die Fußarbeit ist nicht im Gleichgewicht.
3. Das Drücken des Abzuges verzögert sich um den Bruchteil von Sekunden. Es gibt keine absolute Sicherheit in diesen Fragen, weil menschlicher Irrtum und menschliches Versagen, beim Schießen wie bei jeder anderen Tätigkeit, nicht auszuschalten sind.

Unglücklicherweise ist die Gefahr, Wild krank zu schießen, auf der Suchjagd, der Jagd des „kleinen Mannes", viel größer als beim Standtreiben. Hier wirst du vermutlich eher saubere Kopfschüsse als Schüsse in den Stoß erzielen.

Eines der größten anderen Probleme liegt darin, daß Flugwild und auch Hasen, die schwer getroffen worden sind, vielfach noch weit fortkommen und dich glauben lassen, du habest sie vorbeigeschossen. Bei

Treibjagden in reich besetzten Revieren werden daher oftmals etwa 400 m hinter der Schützenlinie Helfer aufgestellt, die krankgeschossenes und inzwischen verendetes Wild aufzuheben haben. Besonders beim Treiben auf Hühner werden 10 Prozent der Strecke des öfteren hinter der Schützenlinie aufgesammelt. Ferner suchen in großen Revieren die Jagdaufseher an dem der Jagd folgenden Morgen nach krankgeschossenem und noch nicht gefundenem Wild.

Wenn du vorwiegend allein jagst, rate ich, deine Augen offen zu halten und nach Möglichkeit zu beobachten, wie Wild auf den Schuß reagiert. Bemerkst du ein Zucken, so ist es deine Pflicht, das beschossene Wild nachzusuchen. Schießt du auf einen Hasen und verhofft er beim Fortflüchten ab und zu, ist er meistens krankgeschossen.

Die Beurteilung der Wirkung von Schüssen auf Tauben ist schwieriger. Ihr Flug ist von Natur aus fahrig. Sie können Federn fallen lassen, ohne getroffen worden zu sein. Nur die Erfahrung wird dir sagen können, ob du ihnen nachgehen sollst.

Mir scheint in dieser Hinsicht der humanste Ratschlag der zu sein, daß jeder passionierte Jäger einen Gebrauchshund haben muß. Es ist nicht erforderlich, daß er ein erstklassiger Hund ist – gute Hunde sind so selten wie gute Herren – aber ein Hund verwendet seine Nase, wie wir sinngemäß unsere Augen benutzen. Wenn du ihn mit Hilfe deiner Augen bis zu der Stelle führst, von der aus du krankgeschossenes Wild selber nicht mehr verfolgen kannst, so wird ihn seine Nase leiten.

Ich schrieb zu Anfang dieses Buches, daß jeder wirkliche Mann durch den Glanz der blauschimmernden Waffenläufe verzaubert wird. An dieser Stelle erinnere ich noch einmal daran, daß kein Jäger sich einbilden soll, man könnte eine Flinte ganz von selbst handhaben.

Was dazu gehört, diese Kunst zu beherrschen, habe ich zu beschreiben versucht, und ich habe dabei immer wieder betont, daß zum Erfolg persönliche Disziplin, beherrschtes Selbstvertrauen, sinnvolle Übungen, eine humane Achtung des Wildes und schließlich ein tiefes Gefühl der Verantwortung für die tödliche Waffe in unseren Händen gehört.

Jetzt bist du an der Reihe, mein Freund und Waidgenosse!

Bücher für Jäger

Schießwesen

Gustav Freiherr
von Fürstenberg
**Des Flintenschießens
edle Kunst**
Aus der Praxis eines Schieß-
trainers. 1978. 186 Seiten mit
42 Abbildungen im Text und
auf 8 Tafeln. Laminierter Einband 32,– DM

Robert Churchill
Das Flintenschießen
Eine praktische Schießschule
für den Flugwild-Schützen.
Aus dem Englischen von
Robert von Benda. Deutsche
Übersetzung bearbeitet von
Robert Dietz. 6. Auflage.
1975. 207 Seiten mit 97 Abbil-
dungen im Text und auf
23 Tafeln.
Leinen 24,– DM

Bob Nichols
Skeet- und Trap-Schießen
Eine praktische Anleitung.
Aus dem Amerikanischen
übersetzt von Robert von
Benda, bearbeitet von Robert
Dietz. Mit einem neu hinzuge-
fügten Kapitel über das Trap-
Schießen von Albrecht von
Stein-Grasnitz und den Wett-
bewerbsbestimmungen des
Deutschen Schützenbundes
und des Deutschen Jagd-
schutz-Verbandes. 3., neu-
bearbeitete und erweiterte
Auflage. 1979. 168 Seiten
mit 18 Abbildungen im Text
und auf 4 Tafeln.
Laminierter Einband 32,– DM

Bertil Haglund / Eric Claesson
**Die Jagdwaffe und der
Schuß**
Büchse und Flinte im prakti-
schen Gebrauch. Aus dem
Schwedischen übersetzt von
Erich Stephan. 4. Auflage, völ-
lig neu bearbeitet von Helmut
Kinsky. 1978. 190 Seiten mit
122 Abbildungen im Text und
auf 16 Tafeln und 16 Tabellen.
Leinen 38,– DM

Karl Grund
Jagdliches Schießen
Mit Büchse, Flinte und Kurz-
waffe auf dem Stand und im
Revier. 1977. 230 Seiten, 185
Abb. Lamin. Einband 38,– DM

Karl Grund / Jack Heibler
**Das Handladen
von Patronen**
Eine Anleitung zum Selbst-
laden von Patronen für Büch-
sen, Flinten und Faustfeuerwaf-
fen. 2., bearbeitete Auflage.
1974. 73 Seiten mit 9 Tabellen
und 41 Abb. im Text und auf
1 Tafel. Kartoniert 12,– DM

Preisstand: Herbst 1983
Spätere Änderungen vorbehalten

**Verlagsbuchhandlung
Paul Parey
Spitalerstraße 12
2000 Hamburg 1**

Bücher für Jäger